古道再探

初期教会所知道的...

詹姆士·乔丹

天父之心事工
www.fatherheart.net

© 2014
《古道再探》——詹姆士·乔丹著

天父之心媒体2014出版

PO Box 1039, Taupo, New Zealand 3330
www.fatherheart.net

印刷：美国/新西兰

翻译：摩西
编辑：秀秀
ISBN: 978-0-9951299-6-2

保留所有版权。未经出版商事先书面许可，不得复制、存储在检索系统中，也不得以任何形式或任何方式（例如电子、影音、录音）传输本出版物的任何部分。唯一例外的是印刷评论中的简短引用。
所有圣经经文，除非另有说明，均取自和合本圣经。
若需其他教学书籍、电子书、光盘、DVD或MP3，请访问www.fatherheart.net/store。欢迎网上在线订购，可以跨国快递，接受信用卡支付。

献给国际天父之心事工大家庭

目录

鸣 谢 　　　　　　　　　　　　　9

那古道　　　　　　　　　　　　11

第一篇

1. 那两颗树　　　　　　　　　　24
2. 打开心灵的眼睛　　　　　　　56
3. 第三律法　　　　　　　　　　80

第二篇

4. 从孤儿心态的基督教向做神
   儿女的基督教的转变　　　　116
5. 真基督徒的品格　　　　　　141
6. 胜过这世界——情绪的争战　171
7. 住在祂的爱里　　　　　　　192

邀请　　　　　　　　　　　　　218

关于作者　　　　　　　　　　　220

发现福音的真意……　　　　　　221

鸣　谢

　　这本书是我和我的妻子蒂妮诗多年来共同经历奋斗、寻求神的帮助和解答的结果。书中多是我们饥渴的心向神的大声呼喊。所写的大多数内容是通过神对我们直接的启示而来的。关于那两棵树的那一章最先的启示是临到蒂妮诗的，我们已经同意把它放在这书里，当做我的领受和教导。

　　我首先要感谢蒂妮诗，她爱我超越任何理由，她对我很有耐心。四十多年来，我们一起走过，一起学到了这些东西。我还要特别感谢斯蒂芬·希尔，他花了最多的时间搜索了许多我们之前的讲道信息，并将要点整理成可理解的文本。他的能力和专注程度令我震惊。

　　我感谢艾丽丝·亚当斯和汤姆·卡罗尔，他们用心付出了自己的努力和时间。感谢艾丽丝的稿件编辑和校对工作，感谢汤姆的设计和介绍工作。谢谢你们。

　　我想感谢世界各地天父之心事工的家人们，在过去十七年里，你们跟我一起度过多姿多彩的生活。在这种平静的家庭生活中，我找到了足够的爱和休息，使我能"看到"那些平常我无法看到的东西。我感谢所有这些多年来在我生命中扮演着不同角色的人。我的生命不仅是圣灵在我身上的作为，也与同行之人息息相关。即使是那些有时看似反对我的人,你们也祝福了我,成就了现在这样的生命。万事互相效力,使我得益处,我感谢一路来透过基督的身体服事到我的人。

付梓成书得益于世界各地朋友们的鼓励和支持,谢谢你们。请恕我不能一一提说你们的名字。

我希望我们众人为此书所投入的努力能够成为天父的喜悦,成为那些愿意花时间阅读的人的祝福。我把这书交托给你们在基督身体里的所有亲爱的弟兄姐妹们。

詹姆士·乔丹

那古道

几年前我得到一个异象，我看见一个骑士骑在一匹白马上，他们跳着舞穿行在一片深邃而古老的森林里（这异象在我的《做儿子》那本书里描写得非常详尽了）。在这异象中，忽然间我清楚我正站在一条古道上。古道蜿蜒穿过那片森林，但因里面杂草丛生，几乎辨认不出了。但那是一条圣灵频繁在其上行走的路（白马代表着圣灵）。令人惊讶的是，这条白马在上面跳舞的路几乎没有人行走过。

这条古道究竟代表什么呢？它是从哪里来的呢？还有，它又通向哪里呢？它前方的目的地是什么地方呢？

于是我开始琢磨，会不会我们大多数人所领受的福音，其实质却是保罗在加拉太书1章6节所说的"另一个福音"。我们一路来所听到的，其大多数都不是好消息啊。成千上万的人不再去教会了，因为他们不再享受教会。到底发生了什么呢？究竟哪里出问题了呢？我的看法是，我们已经有了一个称之为好消息的福音版本，但实际上它并不是好消息。我们一直都在灌输自己，甚至我们在服侍主的事上都快枯干了，我们仍旧喘着气说那是"好消息"。实在荒唐，无以复加。

很多基督徒发现他们所领受的福音已经将他们弄得精

疲力竭了，他们被带入一种拼命的、挥洒汗水的灵性中，而这最终会导致他们灵命的枯干，而这样的灵命实际上是被指责、任务、愧疚和定罪感所驱使的。甚至现在还有所谓的基督徒的教导，旨在怎样避免灵命枯干的课程。这多荒唐啊！好像灵命枯干已经成为基督徒生命日常生活中很被期待发生的事情了。让我非常清楚地告诉你：如果你正行走在枯干的路上，那你所行走的这条路是完全错误的路。灵命枯干跟服侍主这两样之间不是些微的差别，乃是一条鸿沟！枯干源自肉体血气的工作，这毫无异义！如果你行走在圣灵里，并与圣灵同工，你就不会枯干。耶稣说，祂的轭是容易的，祂的担子是轻省的。

除非在天父的爱里，我相信你在别处找不着任何的自由、喜乐与平安。我们一直活在一种残疾的基督教信仰生活里，这种残疾就是关于天父的启示的残缺。简而言之，我们一直生活在一种基督信仰中，这种基督信仰是基于两个启示，即耶稣是我们的救主和生命的主的启示，以及圣灵内住在我们的生命里的启示。这就像一张两条腿的凳子难以站稳一样。换句话说，我们的基督信仰的基础并不完整。有一个重要的东西缺失了。直到今天，我们对天父仅仅只有一个概念性的理解，却没有启示性的领受。更有甚者，我们对天父的理解还有许多错误。

1994年圣灵在多伦多大大工作，这宣告了圣灵工作的新时代的开始。对天父的启示有了一个新的开启。1994年之前，讲关于天父的道，那就好像尝试用耙子将水推上山坡一样，而我在1979年就开始讲关于天父的道了。但天父的道就是抓不住人的心。有一个地方却是例外，那就是"使命青年会"，他们邀请杰克温特放手在他们当中服事，我那时的体会是这样的，天父的启示毫无震撼力。然而，当圣灵降临在多伦多的时候，一夜之间，一切全变了。在全世界范围内，整个的属灵的大气候全变了。那些在多伦多被圣灵触摸的人忽然间开始对天父的爱敞开并渴慕了。这个改变对我是非常明显的，因为我就是那一直讲天父的爱，并行走在天父的爱中的少数几个中的一个。教会历史的一个分水岭就这样呈现出来了。

时至今日，二十年已经过去了，这二十年实在是非常特别的，我们见证着一件事，那就是神正在亲自向全世界彰显祂自己是我们的天父。天父的启示已经进入到教会的每一个宗派，进入到普世基督身体的每一个肢体，我们正听到许多的见证，天父的启示甚至进到教会之外，即社会各阶层人士的心里。当然，并非每一个在多伦多聚会中被圣灵触摸的人都抓住那真正的重要性，更多的人他们只是专注在他们身体上的神迹奇事般的经历和果效。

然而，我相信，当我们回头看的时候，我们会看到，1994年是特别的一年，在这一年里，天父的启示开始在教会里被重新建立起来了。1994年是教会历史进入一个意义重大的新时代。随后有一个神的能力的巨大浇灌，那太奇妙了。然而，如果你经历了圣灵的感动，却没有神的道的启示，那感动肯定会淡去，最终消失。圣灵的工作和神的道必须一起，才能建造神的教会。圣灵在多伦多浇灌下来的时候，伴随着人们的醒悟，就是神的道的启示。圣灵的江河也是神的道的启示的江河。就我个人来讲，我感到好像在过去的二十年里，我一直站在一条启示的江河中。神的道的启示不断涌流，新鲜而持久。照着我们的了解，基督信仰的重心已经转移了。耶稣和使徒们的那条古道正被重新发现。

　　人们将越发清晰的看到，我们迎来的基督信仰，跟我们身后的基督信仰是不同的。我们正在进入的，相比于从前，是非常不同的。就我而论，这让我意识到，当杰克温特当年得到他那原初与量子飞跃般的启示的时候，那实在是一件令人难以置信的事，那启示就是天父的爱是实实在在的，是可以传递和感受的。过了这分水岭后，这一启示所蕴含的一切便接踵而来了。它带着我们从一个灵恩时代进入另一个灵恩时代。它从那圣灵的能力和圣灵的恩赐的时代，跃入到这可以经历和感受的天父的爱的时代。这是一个巨大的跨越，从对神的爱仅仅只是一个概念，跨越进入到那神对你的爱的经历和体验中。它不仅仅是神学观念上的改变，它更是超越基督徒经验的局限的一步。我相信这惊天动地的启示已经成为基督信仰在新时代里前行的促进因素。

现在我们要开始经历和体会我们的天父，我们会在圣经的每一页看到我们的天父。整本圣经正在成为一本全新的书。当我们领受启示的时候，那启示在我们整个的神学上带来完全不一样的亮光。许多我们一直紧抓不放的严肃的话题，都会在这新的启示的光照下被揭开来。不久前一次会议结束后，有个人对我说："詹姆士，你刚刚在我的神学领地上犁过一道深沟啊！"我觉得这是一个公平的评论，因为我的神学也曾被这样犁过。

天父的启示正在从根本上改变着我们对基督信仰的体验和理解。然而，事实上并非我们来到任何新的境地，因为这都在圣经经文里。圣经里有太多关于天父的启示了，当你因着天父的启示而醒悟过来的时候，你会在圣经里到处看到天父和祂的作为。接着，你需要勇气在这启示上去成长，并要坚持住，甚至这个过程会是孤单的，你的同伴们甚至也不明白这个启示。我总是告诉那些已经领受了这一启示的人，不可太着急于跟别人分享这个启示。宁可自己先在其中成长，直到你满了，洋溢出来的时候。当你在这启示中成长的时候，自己好好享受在其中，时候到了，人们会感受到你的一些不同的地方。而这样的时候迟早会到来的。当他们问你的时候，再告诉他们，在这之前别说！如果人们不听你的，没有必要去说服他们。如果他们不听，那只说明他们不会听。启示不是可以硬塞进别人喉咙里的东西。知识是可以塞进去的，但启示不是被抓住，就是没有被抓住。一个人或是得了启示，或就是没有。就是这么简单。

当我们开始经历天父的爱的时候，我们对许多事物的看法就开始改变了。其中之一，举个例子，心的中心地位成为一个具有根本重要性的问题。当你不再经历着爱的时候，你所拥有的一切都只是知识而已。但爱只有透过你的心才能体会的到。你的心需要敞开，来领受爱。你可以有一个关于爱的新的教导，但是，只有当你的心去体验的时候，你才会领受到爱的真实。当我们开始越来越多的经历祂对我们的爱的时候，我们的心就会越发的专注。我们心的状态被放置在一个放大镜下面，我们开始意识到心是何等的重要啊。

因此，我们正看到，很多关于我们对基督信仰的理解的话题开始发生非常大的改变，这才是关键点。你的心不仅仅是重要的，实际上你的心是极其重要的，因为正在发生转变的是你的心。知识是关乎你思想上的事，领会却是心的问题。箴言里有很多的经文说到关于心的事情。让我给你一些建议。如果你在圣经里读到一些东西，而你却不领会它的意思，你就需要问自己，是否在你的心里有什么东西拦阻了你对所读经文的领会。你需要问这个问题，因为领会这件事，是关乎心的事情。箴言14章6节非常清楚地说："……聪明人易得知识。"圣经告诉我们要持续追求理解和领会力，因为当你在心的层面上领会了，你在知识上就会融会贯通。

在我们与神的关系上，我们是心对心建立关系的。神不在我们的外在表现上寻求什么，祂看重我们的心。神自己是走心的。这样我们就可以总结：如果神在乎你的心，而你并非真心诚意地在为祂做某件事，那祂也根本不在意你所做的了。我们实在为神做了太多纯粹生硬走形式的事情了。比如说，我们吃饭之前会祷告，但更多的时候我们并非出自我们真诚感恩的心而做谢饭祷告。我的意思不是说你不需要做谢饭祷告，而是说你既然要谢饭祷告，你就真心地谢饭祷告吧。如果你向神做某件事并非出自你的心，那所做的无非是宗教性的动作罢了。如果你想成为神所喜悦的人，那你就得用你的心向神活出来。当然，在你的生活中的许多事上你需要使用你的头脑，但在一切关乎神的事上，核心问题都是心的问题。

在基督的身体里，我们曾经苦恼于对许多事情的不解，那些事情都是在我们启示范畴之外的。我们人类诸多问题之一，就是我们有一个内置的倾向，我们总想掌控。我们想要能够掌握各种事物，在概念上、数学运算上、高尔夫球上、飙车上、乃至外太空探索上，我们都想掌控把握。在我们里面天生的有一种东西，想要掌管生命，并想掌管得很好。然而，在神国里，还有更多的神秘未知的事物。我们必须接受这样一个事实，即总是会有神秘的存在。我们的问题是，我们还要掌控基督信仰。我们想要掌控圣灵的运行。我们想把它归结为一种我们能控制的艺术，并且能够实现我们的愿望，但是，神不会被我们掌控的。基督信仰最大的冒险是我们想要不断地发现神，直到永远。我们想要继续探索那揭开的神的奥秘，当神在永恒中越来越多地彰显祂自己的时候，我们就想要在更高和更高的层次上探索神。

有一件事我们务必知道，那就是神是爱。我们会迎来越来越多的关于神的启示，可是，比起我们拥有的启示，还有更多的经文尚未解开。对圣经的理解不能只靠智力研究。圣经是神的启示，是神与人类的交往，只有当神自己光照圣经，神自己在圣经里并透过圣经揭示自己的时候，圣经才能被人理解。我相信圣经里还有很多东西尚未被启示出来，因为神的道永远长存，且是永恒的。你可以读神的话语，基于圣经形成许多的看法。有一件事我可以告诉你，在神的话语上，你会被人的种种的看法塞饱。在一些最基本的事情上还有很多的争论，而一旦有了启示，那就不是看法或争论的事情了，因为启示就是真理！当你领受启示的时候，你拥有知识远远胜过可怜的看法。你既有体验，又有知识。

我们手上有一本圣经，我们多多少少从中拥有一些启示。然而，这意味着圣经里面有更多的经文我们尚未得着启示。接下来发生的事情是，我们试图从我们的研究中，把我们缺乏启示的事物的逻辑理解结合在一起。我们从揭示的真理出发，从逻辑的顺流中形成教义。我们试图填补空白，因为我们想要掌控。我们继承下来的神学大多不是启示性的，而是一种思辨性的观点，它是我们对特定问题的偏见思考。这在很大程度上造成了一个问题，为什么在基督的身体中有教义上的不同。

一路走到今天，我已经厌倦了人们对圣经的各种看法。我对自己的意见也同样感到厌倦。我意识到，圣经不是基督徒用来学习如何生活和成长的手册。圣经是我们与神相见的地方。你读圣经是为了触摸神、感受神，而不是为了对它的含义形成看法。就像祷告一样，圣经也是神可以对你说话的地方。有些人他们是研究圣经原文的，使得圣经上的话对我们来说变得更加清晰明朗，但这是神对他们具体的呼召，它不是信徒们信仰之路的基础。

神启示我们那些尚未得着启示的事。当这种情况发生时，我们原先所形成的大多数观点都灰灰湮灭了。我们突然意识到，我们原先对某一特定问题的看法是错误的。问题是，我们在情感上对自己的观点有了感情上的依附，并且发现很难放弃。如果你是一个牧师，你很可能已经传讲这个观点很多年了，然后神会告诉你它的真正意思。那么，你就面临着不得不丢掉所有这些年的讲道和教导。我把我的神学打包在一个盒子里，上面用一条很美的丝带扎好，现在神的启示已经把那盒子炸碎了！新的启示把你带回来，使你可以再次做孩子。它迫使你在你的理解上重新开始。对于那些传道人或教师，这可能是很难又令人羞愧的，因为他们对自己的观点投入很多，且因为自己的这些观点而赢得过声誉。

天父的爱的这一启示正在成长着，并且粉碎了许多我们曾经确信是正确的东西。但当我们看见主的时候，我们所有的问题都会得到解答。祂真实的本性的启示会澄清所有悬而未决的问题。基督信仰的基础不是别的，而是神的真实的启示。单单读关于神的话语那不是基督信仰。启示来自我们与神心心相照。

当天堂的门打开时，彼得（马太福音16章16节）看到了耶稣的真实，并脱口而出："你是基督，永生神的儿子！"教会的基石是关于神是谁的启示。当基督的身体开始行走在神真实的启示中时，圣灵所走过的那条古道就又被找回来了。

这本书与我的第一本书大不相同。这本书是向基督的身体教会写下的先知性的信息。先知性的东西就有矫正性。它推翻了错误，重建了真实。我们所学到的许多福音都偷走了我们的喜乐，剥夺了基督徒的能力，成了律法主义得以生长的土壤。它并不比旧约中虔诚的形式更好。我非常清楚，对基督信仰的观念的整体理解必须改变，这样人们才会开始看到真正的教会，就是耶稣的死给我们的重新组合。

这本书是我特别为那些将来传讲福音的人而写的。我希望并相信，我们将看到真正的福音被传讲出来，这福音叫被掳的得释放，瞎眼的得看见，叫那受压制的得自由，宣告神悦纳人的禧年。

这本书分为两个主要部分。第一部分说明福音的真谛。它概述了圣灵所开启的一些主要思想的转变，为基督信仰的真正意义带来了一个全新的视角。书的第二部分，关注这个视角在我们的基督徒服事中所产生的不同。如果你来到福音的启示和体验中，那生命的果子与宗教性的福音所产生的果子是完全不同的。

这本书出于我的心，出于我自己的失败和破碎，也出于认识天父对我的爱而有的美好的安息和喜乐！

第一篇

1
那两颗树

～

在保罗写给加拉太人的书信中，他简短地问候之后，就直截了当地告诉他们他为什么要写这封信。他没有任何的拖泥带水，他这样写到：

我希奇你们这么快离开那藉着基督之恩召你们的，去从别的福音。那并不是福音，不过有些人搅扰你们，要把基督的福音更改了。（加拉太书 1:6-7 和合本）

保罗在这里非常直截了当地陈述他的意见。他要告诉那些从前因他的教导而相信了耶稣的人，他已经为他们建造了对基督的信心，然后离开他们，往别的地方去了。他走了之后，一些别的教师却来到他们当中，这些教师对他们产生了很大的影响。保罗听说他们所被影响的情况后，迫不及待地写这封信。

他感到非常震惊，那就是他们居然将他从前的教导丢到一边去了，却被那些别的教师所腐蚀了。加拉太人已经相信了那些别的教师们所传的福音，而事实上，那并不是福音。简单地说，他们是被欺骗了。

保罗的这封信，的确地，对加拉太这些刚刚信主不久的基督徒，一下子是难以咽下和消化的。因为他们对保罗的了解也是很简单的。而且，他们正在努力着在他们现在所相信的福音上成长。他们心存好意地接受了那些看似善良真诚的别的教师的道理。我相信，这些别的教师所教导的一切听起来一定是很不错的。这些别的教师跟他们待在一起的时间要比保罗长得多。他们在加拉太教会得到了众人的喜欢，没有人怀疑这些教师们，他们都觉得这些教师们的动机纯正，教导很好。

可是，现在，这些加拉太的信徒又碰到了保罗，而保罗几乎在棒喝他们"你们听了这些教师们的教导，你们已经误入歧途了！"请注意，保罗并没有质疑这些加拉太人的真诚，也没有指责他们犯罪或背逆。事实上，他们一直努力做正确的事。他们绝对不想篡改福音。他们希望自己通过听好的教导来增长信心。可是，保罗却一再坚持，"这些教师误导了你们，他们迷惑你们了。"

在这里，我向你们提出的问题是：

从前发生在加拉太人中的事，是不是有可能同样发生在我们当中呢？你相信吗，我们所听的好的教导可能已经将我们带入一个福音中，而这个福音，正是保罗当年说的"另一个"福音？

"福音"这两个字的意思就是好消息。就我个人多年的基督徒生活经历而言，我自己得说它对我来说并不是什么好消息。蒂妮诗和我在1972年将我们的生命献给了主。多年来，我们被圣灵充满，努力尝试做对的事，在服侍上竭心尽力。我们渴望在每件事情上都做到最好，像一个基督徒所应当有的样式。然而，到了1988年，我们撞墙了，我们枯干燃尽了。我们在情感上、灵性上、体力上都彻底耗尽了。蒂妮诗跟我一向来每件事都一起做，全心全意地去做，而我们也是一同枯干燃尽了。让我告诉你——在服侍主上枯干燃尽，并不是人们常敬意和吹捧的那种感觉。整整三个月，我们每天以泪洗面。我们不知道我们为什么哭。我们实在精疲力竭了！我们觉得我们让神不开心了。我们在成为基督徒的生命中所投入的一切的努力，最终却将我们带入一个又深又黑暗的坑里。我们花了好多年的时间才得到恢复。

当我回头看我作为一个基督徒所经历的生活，我意识到其中根本不曾开心过。除了重生的真实经历、受洗、和领受圣灵的洗之外，蒂妮诗和我所过的基督徒的生活实在不是一个福音。那种生活完全没有真正的喜乐，没有任何深刻真诚的美妙的开心！当我意识到自己作为一个基督徒并没有在任何一件事情上享受所做的，我感到震惊。要知道，我这样做基督徒却已经十八年了，而我还从来没有在一件事情上全然享受到快乐。我向来的生活是强烈的自律，燃烧的激情，牺牲的付出，勤奋的工作！可是，我渐渐地明白了，我正生活在跟那个福音完全相反的状态中。我相信，许多基督徒都对我刚刚所描述的感同身受，而我们正生活在这"福音"中。

伊甸园里的两棵树

那么，这假福音到底骗了我们什么呢？为了回答这个问题，我们需要走回最起初的时候。在我们的生活和侍奉当中，神给我们的许多启示，是要回到那最起初的时候才能明白，就是回到伊甸园。当蒂妮诗和我慢慢地从枯干的状态中走出来的时候，我们开始察觉到，在我们的生活中，有一些事情实在是有些不妥，而事实上，许多基督徒跟我们一样活在这样的不妥当中。圣经所讲的"福音"，跟我们现实里已经生活在其中好几百年的福音，这两者之间，的确存在着巨大的差异。我们正领会到一些东西，我们还不能找到恰当的文字来表达这些东西。几年前，蒂妮诗正在读圣经创世纪的开头几章，她忽然读到一些东西，而这些东西后来彻底地改变了我们对生活和服侍的看法。她所看到的是一个对传统看法的重大转变，而这个转变将我们带入生命的自由，而在那之前，我们经常问自己，真有那种自由吗。

为了弄清楚到底是怎么一回事，让我们从创世纪2:8-15

古道再探

开始:

耶和华 神在东方的伊甸立了一个园子,把所造的人安置在那里。耶和华 神使各样的树从地里长出来,可以悦人的眼目,其上的果子好作食物。园子当中又有生命树和分别善恶的树。……耶和华 神将那人安置在伊甸园,使他修理,看守。耶和华 神吩咐他说:"园中各样树上的果子,你可以随意吃,只是分别善恶树上的果子,你不可吃,因为你吃的日子必定死!"(创世记2:8-17 和合本)

然后,我们再读创世纪第3章的开始:

在耶和华 神所造野地所有的活物中,蛇是最狡猾的。蛇对女人说:" 神真的说过,你们不可吃园中任何树上的果子吗?"女人对蛇说:"园中树上的果子,我们都可以吃;只有园中那棵树上的果子, 神曾经说过:'你们不可吃,也不可摸,免得你们死。'"蛇对女人说:"你们决不会死;因为 神知道你们吃那果子的时候,**你们的眼睛就开了**;你们会像 神一样,能知道善恶。"于是,女人见那棵树的果子好作食物,又悦人的眼目,而且讨人喜爱,能使人有智慧,就摘下果子来吃了;又给了和她在一起的丈夫,他也吃了。**二人的眼睛就开了**,才知道自己是赤身露体的。于是把无花果树的叶子编缝起来,为自己做裙子。 (创世记 3:1-7 新译本)

那两颗树

那给丹妮带来冲击的关键的问题是：当经文说他们的"眼睛就开了"是什么眼睛开了？

什么眼睛开了？

显然地，伊甸园里的亚当和夏娃他们的肉眼是已经开了的。神造他们的时候，他们的身体是极为完美的。这样，当圣经说，他们吃了那树上的果子后他们的眼睛就开了，这里就有一个问题——什么眼睛开了？

神回答我们问题有时候需要时间的。因为很多时候我们需要走过一些生命的历程，这些历程将我们带入我们生命的一个恰当的处境和时机，神才将答案告诉我们。在这个问题上也是这样的。当神回答我们的时候，祂的回答是突然的，不期然而至的，像祂经常做的那样。祂非常清楚地说，"那打开的眼睛，是思想的眼睛，就是了解善恶的眼睛。"

是的，开了的就是这双眼睛！在这之前，这双眼睛从没有打开过。当那男人和女人吃了那分辨善恶树上的果子之后，他们进入了一个跟之前完全不同的看（seeing）的状态当中，他们进入到一个跟之前完全不同的了解（understanding）的状态当中。这不同方式的看，和不同模式的了解，之前没有被激活过，而当他们吃了那树上的果子后，才被打开和被激活了。在那之前，他们是用那双心的眼睛（the eyes of the heart）观察，就是看见爱、接纳、喜乐、和自由的那双眼睛。然而，那双眼睛现在却关上了，没用了。他们不再从他们的心灵，出于他们的内心，与阿爸天父亲密往来了。

分别善恶的眼睛一旦打开，心的眼睛立刻就瞎了，生命树看起来就模糊了，同时，关于善与恶，对与错，圣洁与邪恶却被紧紧地聚焦和关注了。我们从创世纪的经文中可以了解到，那男人和女人后来从伊甸园中被赶出去，是因为，基于以上的看见，他们已经没有一条出路能够与阿爸天父亲密交往了。撒但成功地引诱他们离开了与神天真浪漫的关系，并将他们带入复杂而痛苦的使用思想的能力来搞清楚什么是对错，善恶，圣洁邪恶。

当我们看新约里保罗的教导，我们看到他的教导正在翻转人的这种行为习惯。在以弗所书1:18，保罗祷告说那"心灵的眼睛"（the eyes of the heart）能够打开或"明亮起来"。他祷告，那因为善恶的知识而久已关闭了的心能够明亮起来，能够重新看见。保罗为此向神祈求智慧和启示的灵，使我们能够在与神亲密和亲近中明白神。神的智慧和启示，来自生命树。当心灵的眼睛打开的时候，它们是向着神的智慧和启示打开的。唯有藉着来自神的智慧和启示，我们才能够明白神。

我要强调这点，因为它太重要了。伊甸园里，那男人和他的妻子的眼睛被打开的时候，那双用来看生命树并吃其果子的眼睛就模糊了。他们心灵的眼睛变瞎了。我们

那两颗树

的始祖从伊甸园中被赶出来，他们不再能够接近生命树了。神是要保护他们，避免他们吃了园中两棵树上的果子之后产生的难以想象的可怕后果。否则的话，吃了生命树上的果子，他们将不会死，却永远落在分辨善恶的牢笼里。后来的结果是，我们人类，落在仅仅从分辨善恶树上得吃果子的地步。

失去与神的合一

当那人和他的妻子吃了分辨善恶树上的果子后，他们的生命中有一个巨大的变化。就在他们的眼睛被打开的那一瞬间，他们变成自知自觉（自我察觉）的人，他们察觉到自己是赤身露体的，并用无花果树的叶子遮盖自己。他们确实已经懂得自己是赤身露体的，但是，在那之前，赤身露体事实上并不成为他们的问题，。在那之前，赤身露体对他们来说也从来都不是什么错的事。然而，当他们吃了那树上的果子，突然地，坏事了！他们的第一个思想是，他们是有瑕疵的，他们自己哪里有些不对劲。他们立刻察觉到什么是对的，什么是错的，而这种察觉是他们从前一向没有的，也是不必的！并且，他们立刻采取行动来矫正他们所察觉到的错。于是，将不对的事矫正为对的事，这成为他们一种完全新的生活方式。

当我在思考这事的时候，有一天在我的想象中有一幅图画产生，这一幅图画帮助我解释发生在伊甸园中那男人和女人身上的事。我需要你活跃你的想象力，跟随我的想象的列车来得到这件事情的关键点。

想象，我的整个图解的目的，园中的那个男人和女人（在他们吃禁果之前）他们身体的肤色是绿色的。我这里借用一点作家C.S.Lewis的作品《漫游金星》(Perelandra)的东西，在他的作品里，他创作了一个角色，叫做"绿女"——为了我的小小的想象的场景，我得到C.S.Lewis的许可！《漫游金星》讲的是一则寓言故事，它暗示亚当和夏娃堕落之前他们在伊甸园中的生活状况。在这故事中，伊甸园中的那女人被称为"绿女"，指的是夏娃在吃禁果之前的样子。

再想象，那亚当和夏娃，在伊甸园里，他们是绿色的。他们的肤色是绿的。而绿色是由两种颜色组成的，蓝色和黄色。如果你将蓝色颜料和黄色颜料混合，就会得到绿色的颜料。如果你想象，黄色代表地，蓝色代表天，那么，亚当和夏娃就是天地的混合体。神性的"天堂蓝"和他们人性的"属地黄"合并的结果，是被神充满的人类的绿色生命体。神对人的心意就是这样的。神将祂的形象造在尘土之中，两者混合。亚当和夏娃是从地上的尘土中造的，同时他们又与神自己合一。

然而，就在他们吃了那分别善恶树上的果子的那一刻，原本他们的心与神的心联合的状态被破坏了，因为他们知道他们做了神叫他们不要做的事情。从他们的角度看，而不是从神的角度，此刻与神之间有了分离。想象，

那两颗树

神属性的"蓝"开始退出，并很快消失。他们从"绿"变成为"黄"——回到人的本性，其中少了神的性情。他们惊恐地发现自己是赤身露体的，赶紧找无花果树的叶子来遮盖。

无花果树的叶子是绿色的。用无花果树的叶子遮盖自己意味着他们想努力成为原先的样子。当他们与神联合的时候，凡事都很好，他们是"绿"的。这样，无花果树的叶子就意味着他们想要恢复"绿"的渴望。我相信这就是千百年来整个人类历史的样式。人们努力地穿上无花果树的叶子，以地上和世上的东西来遮盖他们自己，就是遮盖他们赤身露体和没有神的事实。他们努力尝试着使自己再次被接纳。

折腾来折腾去，除了神自己，就是神的性情，没有任何东西可以使我们成为"绿"。无花果树的叶子只能够带来绿的表象。脱下叶子，堕落的人性就赤裸裸地显露了。亚当和夏娃曾经悖逆爱他们的神，这是他们自己清楚的。他们做了神禁止他们做的事，于是，忽然间，坏事了。他们落在了什么是对，什么是不对的知识当中。于是，他们受尽了怎样才能被接纳，或不被接纳的煎熬。心灵的眼睛关闭了，而另一双眼睛却开了。那双可以看到爱和接纳的眼睛渐渐闭上了，同时，那双思想对错的眼睛却被打开了。思想本身是有它自己的用处的——但是，思想不能看到神。你们的思想仅仅能够找到一条对或错的路。思想仅仅能够找到无花果树的叶子。思想不能在爱里建立关系，也不能享受亲密的关系。

关于律法主义的常识

当我们意识到，问题并不在于人会分辨恶了，这令我们感动震惊。因为，显然地，神禁止他们吃的那棵树，不单是能分辨恶的树，也是能分辨善的树。这样，事情就完全不一样了。事实上，事情变得更加危险了，因为问题来了：我们怎么知道我们正在靠着什么树生活呢？那不仅仅是善对抗恶的事，也不仅仅是择善弃恶的事。不是的！那被神禁止的树，是既分辨善，也分辨恶的树。或说我们的专注是分辨善，并去做善的事；专注分辨恶，并避免做恶的事，这似乎听起来一点都没错。但事实是，我们整个的分辨善恶的能力是由这错的树喂养出来的，是使用那双向着撒但的树打开的眼睛来分辨的。

我们怎样分辨自己是否照着分辨善恶的树生活，或者分辨我们是否照着生命树来生活呢？你看，分别善恶树所结出的果子，我们相信是好的。至少不全是坏的。这就是骗局。所有的树都会结果子，而有一些果子是由这两棵树结出来的。从你的果子就能看出你是靠着什么树生活的。这样，那两棵树的果子是什么果子呢？让我首先来看看分别善恶树的果子吧。

靠着分别善恶树生活的，所结的果子就是律法主义者。在其中，我们为自己做决定。我们做选择的时候是根据我们自己的价值衡量，来确定什么是对的，什么是错的；什么是好的，什么是坏的。在其中，人在每一件事上都要用是否对，是否错来评估。

我们成为"善恶警察"，说起话来就像"我在这方面很善于如何如何，我在那方面很差如何如何"，最终导致自责和自义。这树的果子使我们论断人——这人在这方面很好，那人在那方面很糟。我们将自己捆绑在一直左右为难的状况中，因为我们在每一个行动上都要找到最高的道德典范。我们彼此盯着，论断彼此的言行，推敲对错好坏。这样的生活，就是靠着分别善恶树而过的生活。

我相信，阿爸天父对我们的爱，就是要带我们离开这棵树。阿爸天父祂的爱充满我们，将我们从这种无休止的评估程序中释放出来。这种无休止的对错评估程序就像一张网罗将我们套牢，结果就是保罗在加拉太书1:7中说的"那并不是什么福音"。你可以将保罗在加拉太书所写的意译如下：

你们怎么想的，这东西有用吗？神已经都将祂的圣灵给了我们，让我们靠着祂活，现在可好，你们刚刚进入圣灵的自由和释放当中，怎么突然转回去，去倚靠律法而活。律法讲的都是对错好坏的事。你藉着圣灵重生的了，结果现在倒靠着肉体成全。

属肉体的喜欢这个东西！属肉体的喜欢律法！属肉体的喜欢分辨善恶！属肉体的很难找到自由。靠分辨善恶树生活的人是被捆绑在律法主义中。这种生活的基调就是恐惧，就是种种的奋斗，人们整天落入其中，唯恐做得不够。想一想，我们怎能知道我们是否做得够不够呢？怕输的心态也来自分别善恶树。我们害怕自己不适合。我们害怕我们做得不够好，害怕我们还做得不够卓越。我们害怕我们没有成功过。我们用律法的标准来衡量自己，审判自己，是成功还是失败。甚至我们每天的生活都是这样被影响的。职场是一个最典型的例子，在那里我们从头到尾被监视，看看我们到底做得好不好。许多我们的野心和奋斗是出自这样的原因。我们被驱使，要成为"足够好"，成为"对"，成为"卓越"。

分辨善恶树的起源

了解分辨善恶树的起源，是一件意义非凡的事。跟一些人所认为的相反，分辨善恶树，和生命树，在伊甸园中并没有一个开始。创世纪没有说神在园中种植了这两棵树。创世纪2:8-9似乎告诉我们这两棵树不像其它树那样是神种植的。

耶和华　神在东方的伊甸立了一个园子，把所造的人安置在那里。耶和华　神使各样的树从地里长出来，可以悦人的眼目，其上的果子好作食物。园子当中又有生命树和分别善恶的树。 (创世记 2:8-9 和合本)

那两颗树

这两棵树自有它们的起源，在神创造这个世界和人之前。生命树源自永恒。生命树彰显的是神自己一切的性情。生命树的主干根植于神自己。生命树的永恒性在《启示录》22章得到确认。而分别善恶树的起源到底是哪里呢？我们必须藉着《以西结书》洞察秋毫。在《以西结书》28:12-15，我们看到：

人子啊，你为推罗王作起哀歌，说主耶和华如此说：

你无所不备，

智慧充足，全然美丽。

你曾在伊甸　神的园中，

佩戴各样宝石，

就是红宝石、红璧玺、金钢石、

水苍玉、红玛瑙、碧玉、

蓝宝石、绿宝石、红玉，和黄金；

又有精美的鼓笛在你那里，

都是在你受造之日预备齐全的。

你是那受膏遮掩约柜的基路伯；

我将你安置在　神的圣山上；

你在发光如火的宝石中间往来。

你从受造之日所行的都完全,

后来在你中间又察出不义。

(以西结书 28:12-15 和合本)

然后再看17节:

你因美丽心中高傲,

又因荣光败坏智慧,

我已将你摔倒在地,

使你倒在君王面前,

好叫他们目睹眼见。

(以西结书 28:17 和合本)

这段经文是对推罗王先知性的预言,但这段经文道出了撒但更深层面的东西。经文告诉我们,撒但曾经是一个天使长,叫路西弗。很有意思,圣经告诉我们,撒但有一颗心。他的心骄傲是因为他的美丽,非凡的美丽。然而,我这里所要指出的是,撒但曾拥有神的全部智慧,但是,他的智慧却败坏了。在这之前,撒但拥有完美的智慧,跟神的智慧是一样的。他充满了神的智慧,但是,因为他的美丽，他的心骄傲了。他变得妄自尊大，想要代替神，于是他的智慧败坏了。什么是败坏了的智慧呢？

　　败坏了的智慧，是堕落的行动。它曾经是一种智慧，出自与全能全知的神的爱的亲密，然而，后来变成一种基于判断对错能力的智慧。它堕落到只是做对的事，不做错的事。这就是败坏的产生过程，后来，这智慧就成了撒但的智慧。分别善恶树不仅仅只是一棵树罢了。它彰显撒但的性情。它是撒但败坏了的智慧的本质。

　　分别善恶的智慧极为强调正确的行为，而忽视正确的动机。它忽视拥有一颗正确的心。只要外面看起来是好的，那么就什么都OK。相反地，拥有一颗正确的心，是耶稣所看重的。祂严厉批评那些活着只是"做对的事"的人，祂骂这样的人是"粉饰的坟墓"。这些人是靠着分辨善恶树过日子的。从外面看，他们可以做得很好，他们在"做对的事情"上非常优秀，但是他们的心没有改变过。你知道，如果心是正确的，即便做错了事，或说错了话，人们还是会接纳的，因为人们知道他们的心是出于爱的。当你靠着分辨善恶来过日子的时候，那每件事都得做到完美。如果你做错事，或说错话，那就太糟了。

　　分别善恶树，是爱表现的人和表现恐惧症的人的生命主调。基于分辨善恶的生活会是这样的，如果我不是完美的，我就是不好的。我们的价值直接跟我们的表现绑在一起。我们对待自己非常严苛，对待别人也同样严苛。

你若不会严苛待别人，就不会待自己严苛，反过来也一样。许多宗教团体就是照这样的方式生活——如果你达不到衡量的标准，你就是错了，我们就不跟你往来了。对个人是这样，对一个团体也是这样。

撒种和收割的规律，在这里值得一谈。所以，耶稣说："你们不要论断人，免得你们被论断。因为你们怎样论断人，也必怎样被论断；你们用什么量器量给人，也必用什么量器量给你们。"（马太福音 7:1-2 和合本）一旦我们用对错，好坏论断人，我们就将自己暴露在同样标准的论断中。这放之四海而皆准。使徒保罗晓得这个道理，他说（林前4:3），"……连我自己也不论断自己。"这个宣告简直太强大了。使徒保罗不论断自己任何东西！而我们对待自己可没有那么好，总是附带条件的，我们不停地在对错的行为上论断自己。我们不仅评判自己，我们还用同样的方式评判别人。使徒保罗拒绝靠分辨善恶树生活，拒绝成天判断对错，我们也应当这么拒绝。

你可以从许多基督教大众教导中看到这样的论断。许多带门徒的教导课程强调不断自我评估的需要。真是遗憾，许多这类教导是基于律法主义，只是有的露骨些，有的含蓄些罢了——但还是律法主义，因为它们源自分别善恶树。它们不是基于新约的福音，就是耶稣为我们死，将我们带入自由的福音。

撒种与收割的规律

那两颗树

当我们互相观察互相评估的时候，事实上在我们心中有一整套的属灵的规律在悄悄地运行着。就好像撒种和收割的规律，它运行着。你撒下一点点的论断的种子，你会收回一大堆的论断。神希望我们晓得撒种和收割的规律，使我们实实在在蒙祝福。神希望我们藉着一颗小小的种子，得到丰盛的收成。这是何等的祝福啊！播种小小的种子，经过一段时间，我们就可以有一整个田地的收成。自然界中的真理，在属灵生命中也是等同的。这本来是善意的正面积极的规律，现在也可以反过来应用在我们的身上。那就是如果我们撒下的是不合一与论断，那么，一路下去，我们必然收获到更多的不合一和论断。并且，我们撒下多少，我们必然收获多少，甚至更多。

拿养育孩子来说吧，这就是一个证据。我们常常下决心说，我们绝不能像我们的父母那样待孩子了。我们决定以后不照我们父母的方式做事了。然而，事情让你震惊，你父母说话甚至用词的习惯偏偏从你的口中冒出来。我们论断了父母，我们所收获的就是那论断的恶果，因为很明显，我们已经在用同样的方式对待自己的孩子们。我们出于什么样的心态评判我们的父母，这样的心态就开始从我们的生命中流露出来。

我想到另外一个例子。有时候我们实在无法相信，一个从小常遭自己父亲谩骂的女子，她所嫁的丈夫同样谩骂她。难道她不想嫁给一个待她好、爱她、待她慷慨的男人吗？原来，是因为在她的心底里经常有论断。希伯来书的作者清楚地警告我们："……又要谨慎，恐怕有人失了神的恩；恐怕有毒根生出来扰乱你们，因此叫众人沾染污秽。"（希伯来书 12:15 和合本）那毒根会多年扎根在人的内心，到了它完全成熟的时候，你就收获痛苦了。这痛苦会多次临到你，在不同的处境中临到你。一个女人有这样的毒根，长大成熟，嫁给一个男人，这男人会像她自己所论断的父亲一样。一个儿子会用他所论断自己父亲的方式对待自己的儿子。当你用苦毒的心论断人的时候，你所论断的事也会落在你的身上。

再举个例子。为什么一个从另外一个教会分裂出来的教会很难兴旺起来呢？因为它是从论断中建立的，不久那论断的毒根就会彰显出来。除非那论断的毒根得到彻底的根除，彼此关系得到真正的和解，爱能够互相流淌，否则的话，只要一做什么事，同样的论断就会冒出来！千万不要轻忽这事，这是一场逃不掉的属灵争战。

人们常常论断犯奸淫的人，接着他们也会落入同样的试探中。我们生活中的许多问题源自我们自己的论断，我们心中论断什么，我们就成为什么样子。事实是，论断他人，跟自义没有什么两样。很多时候，我们会因为自己公义的行动而骄傲。可事实上，我们是在自己心中论断人。当我们想要除去别人眼中的刺的时候，我们常常看不到自己眼中的梁木。

在这里，有一个非常强大的动力在起作用，就是一切关于论断的事，对自己恶行的论断，对他人恶行的论断，是一种教条的生活方式，是以分别善恶树上的果子为食物。当我们论断的时候，我们就逃不掉那后果。加拉太书3:10清楚地指明：

凡以行律法为本的，都是被咒诅的，因为经上记着："凡不常照律法书上所记一切之事去行的，就被咒诅。"

很多人一直弄不明白为什么神的祝福不像神所应许的那样临到我们的身上。或许我们应当花更多时间求问圣灵，是否我们还有隐藏的论断，是否我们还有很多活在这个规律之下的做法，导致论断彼此，论断自己。若我们还活在这个规律之下，我们就是活在咒诅之下了，因为这整个体系是被咒诅的。活在这规律之下是不可能兴旺的。

用心生活

在我的生命和事工中，现在我投入最大的关注就是我的心。以心为中心，这是基督徒生活的最为重要的事。我们能用属灵的眼光察看任何一件事，这并不是出于我们天然的思想，而是源自我们的灵和我们的心。这样我们就不用一直说我们的思想很好，因为我们的思想是神创造的。神要我们使用我们的思想。但是，神的目的是，当我们的思想与生命树连接的时候，我们的思想才真正运作起来。另一种跟神的设计相反的使用思想的方式，就是我们的思想跟分别善恶树连接的时候，我们的思想运作就没有好结果。当我们长期在评判对错上使用我们的思想时，我们就需要一套方式和原则来生活。我们想靠着规则来生活。参考规则手册生活，总比用心做决定来得容易。而靠一些生活指南生活，那就不是使用"圣灵的思想"（罗马书8:6&27）来察验当时当地当如何行事了。如果我们靠思想做事，我们就会在灵性上死去。一颗与生命树连接的心，出自它的洞察和了解，与出自天然思想的洞察和了解，是完全不同的。

让我们思考！以弗所书4:17,18，保罗异常严厉地说：

所以我说，且在主里确实地说，你们行事不要再像外邦人存虚妄的心行事。他们心地昏昧，与　神所赐的生命隔绝了，都因自己无知，心里刚硬。

在保罗诸多书信中，如此严厉，实不多见，在主里确实地，肯定地，忠告地（不同版本），这种语气似乎让我们以为他接下来会讲诸如性犯罪之类的话题。然而，他却说，他在主里忠告你们不要再存虚妄的心行事了。不但如此，他更将这虚妄的心看作是"心地昏昧"（dark-ended in understanding）和"心里刚硬"。这实在是非常严厉。

这里我们看到思想和心之间的连接。当我试图照着分辨善恶树生活时，在保罗看来，那就是"心地昏暗"（futile thinking）。换句话说，离开我们的心，我们的思想运作就会出问题。如果我们的心是刚硬的，我们对神的思想就一无所知。刚硬的心，使我们不晓得神的想法，和神的判断。神的想法和判断是从祂的心，就是爱的心，流淌出来的。

这是很容易被我们忽视的。我们需要的是生命不断得到喂养，而不是不断地努力做事。我们可以从是否事情做得卓越的担忧中解放出来。如果我们出于我们的心来生活，我们连接于生命树，我们就不用在意那一大堆的事了。当我们从论断的冲击中解放出来，并进而来到从神的心流淌出来的生命中的时候，我们将得到巨大的平安。这才是真正的福音——跟生命连接起来！那是何等的放心和喜乐，我们来到一个地方，在那里可以敞开我们的心，靠近，并进入到神里面的爱之心的同在中。

生命树

现在我要谈生命树。似乎有点讽刺意味，分别善恶树要比生命树有更多可谈的。因为，事实上，生命树是很简单的。生命树就是这样的简单——就是与神的爱连接，并且活在神的爱中，就是住在天父，和祂的爱子在圣灵联合的喜乐中。我们能够活在不断蒙受天父和祂爱子耶稣的爱的经历中。照着我们所相信的，圣灵一次又一次地将这样的爱倾倒在我们的生命中（罗马书5:5）。

这生命树有它的果子。加拉太书5:22描述了它的果子。那就是仁爱、喜乐、和平、忍耐、恩慈、良善、信实、温柔、节制。保罗说："……这样的事，是没有律法禁止的。"这就是天父的爱在我们的生命中自动结出的果子。

我们从哥林多前书13章再次且更为尖锐地看到。神在这章的开头这样说，不管我们多有恩赐，如果我们没有这样的爱，我们就什么也不是了。接着经文描写了神的爱浇灌在你的生命中的时候所结出的果子：

爱是恒久忍耐，又有恩慈；爱是不嫉妒，爱是不自夸，不张狂，不做害羞的事，不求自己的益处，不轻易发怒，不计算人的恶，不喜欢不义，只喜欢真理；凡事包容，凡事相信，凡事盼望，凡事忍耐。爱是永不止息。

当天父的爱浇灌在你的生命中的时候,以上这些果子，是可以成就在你个人的生命里。然而，当我们根据分别善恶树生活的时候，我们的行为是出自我们诸多的决定和对错的判断。当我们不停地生活在天父的爱的经历里的时候，我们的心就会被完全地改变，像天父自己的心那样，我们行事就会像祂一样，我们的感受也会像祂一样。那浇灌进我们生命的爱，将会洋溢出来，所洋溢出来的全是天父自己的性情，那就是我们说的圣灵的果子。

那两颗树

我们从雅各书3:13-18看到从这两棵树流淌出来的生命的差异:

你们中间谁是有智慧有见识的呢?他就当在智慧的温柔上显出他的善行来。你们心里若怀着苦毒的嫉妒和纷争,就不可自夸,也不可说谎话抵挡真道。这样的智慧不是从上头来的,乃是属地的,属情欲的,属鬼魔的。在何处有嫉妒、纷争,就在何处有扰乱和各样的坏事。惟独从上头来的智慧,先是清洁,后是和平,温良柔顺,满有怜悯,多结善果,没有偏见,没有假冒。并且使人和平的,是用和平所栽种的义果。

当我们常常亲近神的时候,我们就从生命树上得食。当我们从生命树上得饱足,我们心灵的眼睛就开始打开,于是我们就能够活在神的智慧和启示中,就是保罗在以弗所书1章里说的智慧和启示。生命就再也不是关乎做好与坏,对与错的决定了,而是从那巨大的爱里活出来了。这是爱,在天父的爱子里面,活在与天父的亲密中。这是亚当堕落之前在伊甸园里的生活。亚当知道与天父连接的生命是怎样的。

爱的庇护 (The covering of Love)

我们正回到生命中来了。生命就是那遮盖一切的爱。路加福音第7章优美地彰显了这个真实。那时耶稣被邀请到一个叫西门的法利赛人家里吃饭。在绝大多数当代圣经译本中，都在这个故事前面标注上一个主题，叫做"犯罪的妇人"，实在太可笑了。

这里发生了一件事，在当时的传统下，实在是非常震惊的。当时这法利赛人家里已经坐满了男人。在这些人的心里，他们认为他们才是走向神国的人。因为他们一生遵守律法。遵行律法上的每一个规条对于他们没有比这事更为重要了。律法上的一撇一画消耗着他们每天的生活。

可想而知，这个妇人要经历怎样的窘迫才能进到这个房间，里面坐满了似乎都是有建树和有名望的一群男人。这群男士已经都到齐了，穿着体面，心里自鸣得意，因为自己都守住了律法。他们安排了一个特别的晚餐，并邀请了这个拉比耶稣，跟耶稣一起吃饭。他们自认为是通晓神的心意的一群人。我发现一个非常有趣的事，就是这些男人居然都晓得这个妇人是干什么的。他们知道她是个妓女。有时我在想他们是怎么知道她的职业的！

在这里，耶稣彰显了祂对待一个颓废、堕落、不洁，且被人看不起的人的态度。祂是我们这些一文不值的人最终的归宿了。奇妙的是，耶稣常在我们破碎颓废的时候来到我们的生命中。主的同在是那么及时。祂的同在是那么真实，因为祂用心待我们。就在这样的时候，这妇人，完全是一个局外人，进来了。

那两颗树

西门家里的这些法利赛人看她是一个有罪的妇人。但，耶稣的心并不是这样看待她。她是带着一切的痛苦，且孤注一掷地进入到这个房间里的。所有可能的鄙视她都已经历过了。最终，她已经预备好了，来承受任何的遭鄙视轻慢的风险。她敞开她的心，向耶稣倾倒她的爱，用她的眼泪洗耶稣的脚。她一无所有，却将自己仅有的献给耶稣。

在这些法利赛人看来，就是一个妓女向一个自称自己是神的儿子的男人谄媚罢了。他们坐着看着，要看看耶稣怎么回应。他是一个道德上纯洁的男人吗？他能够用最恰当的方式来处理这样的场面吗？箴言书告诉我们，一个妓女的标志就是她的亲吻，她的头发，和她的香料。这个妇人全都有了。香料或许是她工作用的。她的头发和亲吻是她职业的工具。这是她一切所有的，而她将这所有的都给出去了。她将自己的全部，剩下的尊严，和美貌——她职业的工具摆上了，且摆在耶稣的脚前。

我们从第39节可以看到，靠着分辨善恶树生活的人的表现：

请耶稣的法利赛人看见这事，心里说：这人若是先知，必知道摸他的是谁，是个怎样的女人，乃是个罪人。

这法利赛人的评判是彻头彻尾的对错的论断，但耶稣却相反。此事的优美在于耶稣的的确确是一个先知，祂清楚知道这个妇人是干什么的。看40节：

耶稣对他说："西门！我有句话要对你说。"西门说："夫子，请说。"

西门之所以这么回答，是因为他想得到更多确凿的信息，来肯定自己的评断。然而，耶稣接下来却说了一个比喻：

耶稣说："一个债主有两个人欠他的债：一个欠五十两银子，一个欠五两银子。因为他们无力偿还，债主就开恩免了他们两个人的债。这两个人哪一个更爱他呢？"西门回答说："我想是那多得恩免的人。"耶稣说："你断的不错。"于是转过来向着那女人，便对西门说："你看见这女人吗？我进了你的家，你没有给我水洗脚，但这女人用眼泪湿了我的脚，用头发擦干。你没有与我亲嘴，但这女人从我进来的时候就不住地用嘴亲我的脚。你没有用油抹我的头，但这女人用香膏抹我的脚。所以我告诉你，她许多的罪都赦免了，因为她的爱多。但那赦免少的，他的爱就少。"

注意，耶稣是向着那妇人跟西门说话的。我能想象当时耶稣看着那妇人的时候，心里充满了爱和怜悯。祂知道这妇人来到这里，是带着她一切所有的。我很想知道当耶稣传讲登山宝训的时候，她是否就在那里。或许她看见耶稣什么了，或许她听见耶稣什么了，总而言之，在她心中，耶稣跟她所遇见过的所有男人完全不同。她饥渴，她需要耶稣爱的回应。她不知什么缘故就是清楚知道耶稣会以她所期待的方式爱她。祂以一种父亲的爱来爱她，恢复她的尊严。耶稣所彰显的爱，超越了以对错为评判的道德规范。

爱永不止息

这个可怜的妇人她是怎么知道生命的一切全关乎爱呢？她怎么知道真正的基督徒生命并不在于对或错，好与坏，或应当做对的事呢？

很简单，生命树是关乎爱，它遮盖保护着那一切，就是我们花了很长时间一直在考评的道德分数。如果你去爱，你一定不会出错。当我们的生命跟阿爸天父联合的时候，我们心灵的眼睛就再次开了。吃分辨善恶树时打开的眼睛将再次关上，我们心灵的眼睛再次打开，这样，我们就能自由自在地从生命树上得食。如果我们从我们的阿爸天父那里"吃"爱，我们就能用阿爸天父的爱去付出爱人！

当我们真实地开始活在神的爱里，那就省心多了，实在不用那么麻烦了。如果你的心不断地从生命树上得食，并用能够带来自由和恩赐的判断来评判的时候，那爱就成为一件非常容易的事情，比做任何事情都容易。当我们付出爱的时候，我们就能够使人释怀放松，因为我们不再用审判的方式评判人了。

愿神应允我们所求的，将耶稣美丽纯洁的爱赐给我们。耶稣是唯一一个能够做出最准确审判的人，然而，祂不审判。如果不是祂审判，那也绝对不是我们。当你不必去在意别人的对错的时候，那真是快乐和自由。如果你要矫正人，需矫正出生命，而不是死亡。用爱操练对方，并关爱他的感受，这样才能真正建造到这个人的生命。生命树看重的是人的心，不是一个人的行为。

生命树是爱和自由的基础。出自神的爱和生命的流淌的评判是一种美好的评判。相反的，出自另一棵树的评判带出来的却是捆绑和死亡。这就是雅各在雅各书2:12-13中劝导的：

既然你们将要照着那使人得自由的律法受审判，就应当照此说话、行事。要知道，那不施怜悯的人，要受毫无怜悯的审判；怜悯胜过审判。　　(雅各书2:12-13 标准译本)

在这里，自由和怜悯是最大的因素。怜悯胜过审判。广施怜悯而非审判，神的心意就彰显出来了。怜悯使人从愧疚和不安中得着解脱，怜悯洗净内疚，并使人得到祝福。神就是这样看待我们的。当祂看着我们的时候，祂是用怜悯的眼光看我们的，而非审判的眼光。祂的爱不审判我们，这样，我们就没有恐惧和害怕了。约翰一书

那两颗树

4:18这样说：

爱里没有惧怕；爱既完全，就把惧怕除去。因为惧怕里含着刑罚，惧怕的人在爱里未得完全。　　(约翰一书4:18 和合本)

当我们意识到再也没有审判，因为神的怜悯胜过审判，于是我们再也不惧怕了。在神的爱里面没有惧怕。我们认罪悔改，就再也没有审判了。

谁能控告　神所拣选的人呢？有　神称他们为义了（或译：是称他们为义的　神吗）。(罗马书 8:33 和合本)

犯罪会遭致恶果，但是认罪悔改，从神的角度看，祂的怜悯胜过审判。审判，是我们与神之间非常大的一件事。神所称为义的人我们怎能审判他呢？如果神已经与那人和好了，我们怎能说他不配得我们去交往呢？

我们都在学习的过程中，就是学习用爱的眼光看待人。人们可能会说"爱是盲目的"，然而，唯有爱才能够真正的看见。用对错评判人这事，已经强烈地影响到我们了。在分别善恶树那里你不会看到自己积极的样式。只有从生命树，我们才能看到自己积极的样式——从神的眼光看我们自己。我们的许多问题是因为我们生命的泉源弄错。当我们从生命树得食的时候，那些问题就不成为问题了。

古道再探

我觉得蒂妮诗和我太有资格来谈谈这点了，因为，长期以来，我们俩就是这么忠心地靠着分别善恶树来生活的。我们有远大的异象，远大的决定，来事奉神，因为祂为我们付出那么多。我们在我们中年的时候，很风光地，轰然踏出我们的事奉的步伐。我们非常热心地去接触人，得着人。我们几乎什么都做，并且我们将什么都奉献出去了，有三到四次我们将什么都给出去了。我们成为服侍的专家。对于每一个需要，那时我们要回答的最大的问题是"耶稣会怎样做？"如果这也是你所问的问题，那你肯定会忙得焦头烂额。我们那时就是这么做的，而我们遇到了严重的枯竭，然后发现，我们所做的，并不是神给我们的基督信仰。

让我非常清楚地告诉你吧。如果你能明白这一点，你就会得着释放，从那难以置信的"教会狂"中解脱出来。你能够从律法主义的倾向中，从你作为一个基督徒对自己的期待中得释放。我真相信，我所说的能够为你带来真正的自由，使你能够简简单单地享受你的基督徒的生活，并且享受你自己与神的关系。分别善恶树的整个观点，就是诱惑你离开你与阿爸天父的纯真的关系，进入另一种方式的生活，进入另一种福音，那根本就不是什么好消息。撒但非常擅长将我们带入歧途中。而真正的义，就是与神有正确的关系，而不是在这个世界上有正确的行为。生命树是我们与阿爸天父爱的连接。有一件事是从来不会出错的，那就是去爱。如果你从生

那两颗树

命树得食，你就会很自然地对别人满有恩慈，能够原谅别人。你对别人将会有耐心，且有仁慈，并以正确的方式对待人。如果你的眼光总是不由自主地看到别人的许多错误，那么你正吃着那棵错误的树上的果子。如果你时常总是在意自己的错，那你还在吃着那错误的树上的果子。真正的基督徒的生命，是真正有功效的生命，他是从生命树流淌出来的。

2
打开心灵的眼睛

~

蒂妮诗和我多年服侍而枯竭的经历对我们的影响是难以置信的,当我们意识到我们原来对基督教的认识有着非常大的错误的时候,我们才从枯竭当中走出来。是的,我们过去一直花上很多的时间,在不同的国家服侍,我们一直感受着在不同文化中的基督信仰。我们似乎看到当下起着主导作用的所谓的圣灵充满的基督教,正是这样的基督教,它将我们耗尽枯竭了。当今的基督教是被这个世界的运作方式严重影响了。我们使用这个世界上运作商业的方式来运作在我们与主同行的生活中。为了建立一个成功的商业体系,你必须是被驱动的,是被结构化的,并且充满活力和委身,这样,向这个世界传福音,你就得成为一个被高度驱使,和目标导向的人。创业的核心原则牵涉到梦想,规划你的梦想,然后执行你的计划。如果你足够努力执行你的计划，你就必定成功。同样的激励机制被使用在当今的基督教当中。有励志讲员，他们使用的就是同样的原则，将属灵生命变成商业运作。甚至教会的传道人，他们将商业世界的方式看着是基督徒励志的演讲，因为这些传道人完全使用同样的原则来达到他们服侍的成功。从另一方面看，一些教会正开始邀请商业界的讲员进入到自己的教会，给他们教会的会众灌输如何带门徒。教会的领袖会议经常专注于火热、委身、计划，和成功的关键。世界的价值和理念就这样渗透进神的教会。

基督教会在这些领域出现了巨大的腐败。我比从前任何时候都更加放胆强烈地指出这方面的问题，因为我越来越清楚的看到一旦你开始在你的属灵生命中制定神的计划你就已经将圣灵请出去了。你不能对圣灵制定计划，圣灵也不会去适应你的计划。我们可能这样欢喜唱过，"主说，不是倚靠势力，不是倚靠才能，乃是倚靠神的灵"。可是，当我们走出去的时候，我们却用我们自己的势力和能力来做神的工。今天教会中的一个重大的错误认识，就是我们认为可以单凭着研究来了解基督教，基督教是可以被人的思想把握，你可以靠自己的努力来跟神同行，诸如自制能力和自律能力。我们没有认识到，主耶稣不是藉着这些方式被认识和被服侍的。我们的主寻找我们的心。神一直都在寻求跟我们心与心的关系，祂盼望我们的生活是出自我们的心，而不是出自我们自己对基督教的种种思考。还有许多人认为，我们用心灵跟神建立关系，而用我们的努力来为神工作。我们实在没有明白保罗的意思，歌罗西书1:29说，"照着他在我们里面运行的大能"，还有耶稣说，"我对你们所说的话，不是凭着自己说的，乃是住在我里面的父作他自己的事"。（约翰福音14:10）

亚当和夏娃在吃分辨善恶树的果子之前，他们是用一双不同于我们今天的眼睛来看生命的。他们看什么东西都是用心灵的眼睛来看。通过这双眼睛，他们看到的是神的爱，就是阿爸天父对他们的爱，他们是在这样的爱的光照中看彼此的。他们彼此之间的关系，是建立在彼此以心相向的基础上。他们心灵的眼睛是活跃的，而那用来评判对错、好坏的眼睛是不起作用的。有关对错、好坏的概念和判断对于他们来说是一无所知的。可是，当他们吃了分辨善恶树上的果子后，他们就用跟撒但一样的眼光来观看事物和彼此了。撒但的本性就是对与错的判断。这就是撒但的实质。撒但看任何事情都是用好坏的眼光来看的。他是彻头彻尾的律法主义者。

事实上，伊甸园里的那蛇所说的，他的果效是"神对你们真的不好。神将一些好的东西留着不给你们。神知道，如果你们吃了这果子，你们就会跟他一样。神试图让你们差劲一点。他不想把那好东西给你们！"这就是撒但的诱惑。一旦亚当夏娃吃了那树上的果子，他们对生

打开心灵的眼睛

命的看法就变得跟撒但一样。撒但的眼睛在人类的身上打开了。而在这之前，他们只有一个观念，就是神对他们的爱。他们知道，神禁止他们吃那分辨善恶树的果子，而这是唯一仅有的神不许可他们做的事。对于他们来说，一切都是完全的平安和喜乐。如果你跟他们坐下，试图跟他们解释什么是不安全感，你可以讲一百年他们也都不会明白你在讲什么。他们生命的整个经历就是全能的神每天跟他们同行，并且完全地绝对地爱他们。他们的生命被神的爱完全充满，根本没有恐惧和不安全感的余地。他们吃了那树上的果子后所发生的事情是，他们的眼睛开了，他们能够思考做对做错的可能性，选择好选择坏的可能性。自从那个时候开始，一直到现在，整个人类就被纠缠在那痛苦的问题上，诸如不安全感、恐惧、对自我的形象总是负面的，这样的生活成为一种常态。

你能够想象如果你的眼睛瞎了会是怎样的？我稍稍做了些思考。我是一个非常依靠视觉的人，对我来说，眼睛瞎了，看不见的境况，那简直是太难以想象了。我了解一些曾经失去视觉的人，那种经历对他们的打击是巨大的。我们说话的时候，有太多的用语跟我们的看见相关。当我们说再见的时候，我们用"见"，而这对于一个看不见的人来说从来都不是真实的经历。当你瞎了的时候，你什么也看不见。当思想的眼睛打开的时候，心灵的眼睛就关闭了。那双可以看见与阿爸天父亲密，和阿爸天父对他们的爱的眼睛关闭了。当他们走出伊甸园后，那曾经与阿爸天父同行的记忆就开始淡漠了。再接下来的几个世代，那记忆就完全地从这个世界上消失了。人们听说过这个神，但是没有一个人可以看见祂，没有一个人了解祂，没有一个人真正明白祂。

于是，神开始向人类示好。祂差派先知、教师、立法者和士师，神差派君王和诗人、以色列的勇士和母亲们。神差派这些人代表神自己去到那不晓得祂，也看不见祂的民众当中去。整个世界根深蒂固地建立在生命的对错的思维模式中。到今天仍是这样。即便是我们生活当中最微小的事，也会被放在对错的审视之下，"这件T恤衫的颜色跟那外套很不配啊"，或者"你这样的发型实在不对啊"，等等。

当我长久读经以来，有一件东西变得越来越清晰。自从人堕落，对于人类，神所想要做的，就是使他们的心灵的眼睛再次睁开。纵观整本圣经，我们一次又一次地看到，神一切的服侍都是关乎打开人类那已经瞎了的眼睛，使他们能够看到神的真实。为了形象地图解这个观点，我需要从神对待人类的整个历史中抽出一些事例来讲解。这些事例，透过新旧约，展示着神的完全的掌管。

从立法者摩西的服侍看

在申命记29章（从这一章的开始），我们读到以色列民

打开心灵的眼睛

族幼年时候的故事，那时他们刚刚从埃及出来，故事中还有神为他们行了许多大神迹的记载。摩西提醒百姓神向他们所作的事，分开红海，带领他们走过旷野，赐给他们为产业的地：

> 摩西召了以色列众人来，对他们说："耶和华在埃及地，在你们眼前向法老和他众臣仆，并他全地所行的一切事，你们都看见了，就是你亲眼看见的大试验和神迹，并那些大奇事。"（申29:2,3）

到了第四节，摩西说这些话：

> 但耶和华到今日没有使你们心能明白、眼能看见、耳能听见。我领你们在旷野四十年，……这要使你们知道，耶和华是你们的　神。

他们见证了这些神迹奇事，他们仍然"没有心明白，没有眼看见，没有耳听见"。

这里所传达的意思就是，他们没有能力使用那心灵的眼睛看事物，以致他们看不明白，也没有真正理解。人们的心灵的眼睛是关闭的。摩西之所以能够看见，是因为他的心跟别人不一样。他的心不是刚硬的心，他的心灵的眼睛不是瞎的。这是以色列这个民族发展史上一个重要的节骨眼。从这节经文我们可以看到，以色列人不能用他们那已经关闭的眼睛看事物。他们只能用他们的那双肉眼看，所看的就是判断对错。

古道再探

从先知以赛亚的使命看

我们看以赛亚,在以赛亚书第六章,同样的情形发生了。以赛亚应该是以色列史上最伟大的先知。他预言的绝大部分内容使用诗歌体的形式写下来的,尽管我们阅读英文版本的时候不能马上感受到。以赛亚书是一卷非凡的书卷,不单单只是该书所传达的内容,更在于这些内容是如何传达的。以赛亚蒙召做先知。在第六章,我们看到他一次非同寻常的经历:

当乌西雅王崩的那年,我见主坐在高高的宝座上。他的衣裳垂下,遮满圣殿。其上有撒拉弗侍立,各有六个翅膀:用两个翅膀遮脸,两个翅膀遮脚,两个翅膀飞翔。彼此呼喊说:

"圣哉! 圣哉! 圣哉! 万军之耶和华,

他的荣光充满全地!"

因呼喊者的声音,门槛的根基震动,殿充满了烟云。那时我说:"祸哉! 我灭亡了! 因为我是嘴唇不洁的人,又住在嘴唇不洁的民中;又因我眼见大君王万军之耶和华。"

有一撒拉弗飞到我跟前,手里拿着红炭,是用火剪从坛上取下来的,将炭沾我的口,说:"看哪! 这炭沾了你的嘴,你的罪孽便除掉,你的罪恶就赦免了。"我又听见

打开心灵的眼睛

主的声音说:"我可以差遣谁呢?谁肯为我们去呢?"我说:"我在这里,请差遣我!"他说:

"你去告诉这百姓说:

你们听是要听见,却不明白;

看是要看见,却不晓得。

要使这百姓心蒙脂油,

耳朵发沉,

眼睛昏迷;

恐怕眼睛看见,

耳朵听见,

心里明白,

回转过来,便得医治。"

当以赛亚先知有了如此的经历,看见神,他似乎毫发未损。这并不意味着他在这极为庄严的时刻没有受到影响。他俯伏在地,似乎身体中的每一颗原子都散落了。他完全被神吹散,他内心只有一种感受,就是自己实在一无是处。这就像一个坐过山车的人极度的感受,从看到神被撒拉弗环绕的无上荣光,到意识到自己的污秽。他看见了神的荣耀，他完全的放低自己。于是，当天使用火炭触摸了他的嘴唇之后，他被神提升到高处。他知道他的罪被挪去了，他的嘴唇被洁净了。他可以放开来真正做先知讲话了。

就在天使用火炭触摸他的嘴唇的当儿，以赛亚听到神问这样的问题："我可以差遣谁呢？谁肯为我们去呢？"神等着以赛亚心甘情愿摆上。神实在愿意我们跟祂同工，但祂从不强迫我们做任何的事情。做神的工，是我们的选择。祂会引领我们——不强迫我们。如果有人一直强迫你做一件事情，你清楚，那一定不是神叫你去做的。神一直会引导你。耶稣说："我的羊听我的声音，他们跟从我。"如果你不是由衷地选择，那就不是神要你去做的了。

这里我们看到一幅令人难以置信的情景，神用火炭触摸的以赛亚，然后先知听到神的对话。他听到神的声音，说："我可以差遣谁呢？谁肯为我们去呢？"想象一下，对以赛亚来说，所有这些正发生着的事——他亲眼见证神的荣耀充满圣殿，看见天使环绕在神的宝座，他的嘴唇被祭坛上的火炭触碰。神——圣父、圣子、圣灵，正让以赛亚聆听他们之间的谈话。三位一体的神允许这个人听他们之间的交谈。我发现这样想象他们之间的谈话相当有意思：

"我们可以差遣谁呢？你有什么想法吗？"

打开心灵的眼睛

"我想知道……"

然后,以赛亚,几乎是不情愿地开口,说了这惊人的话:"我在这。"

"哦对,就你了!"神显然就将这事交给了以赛亚这个志愿者。然后他这样回应神:

"我在这,差遣我。我去,我要传讲你的话。"

好,这里非常重要。在这个难以置信的境遇中,神将自己的使命赐给以赛亚,注意,是在这样的场景之下赐给他的。神直接跟以赛亚说,而祂所说的就影响和界定了以赛亚一辈子的侍奉基础:

你们听是要听见,却不明白;

看是要看见,却不晓得。

要使这百姓心蒙脂油,

耳朵发沉,

眼睛昏迷;

恐怕眼睛看见,

耳朵听见,

心里明白,

古道再探

回转过来，便得医治。

神这里的意思是：我差派你去传讲我的话语，但是，当你去传讲的时候，他们听不进去。在他们的头脑里面，他们已经对我的话语有了成见，在他们看来，我的话语就是关于什么是对，什么是错，然而，我还是要差遣你去传讲，目的是让你成为见证人，就是见证他们的不是。我差派你去完成的使命，就是传讲我的话语给那不听从的子民。事实上，你所传讲的，只会让他们耳朵更加堵上。

有时候，服侍神的使命就是这样的！先知服侍的结果是毫无果效的。甚至倒过来——先知的服侍甚至将人驱赶得离神更远。这实在挑战我们对服侍事工的理解。

神差派祂的先知去传讲祂的话语，同时祂又告诉先知，听的人将不会听进去的。他们没有真正看得见的眼睛，也没有真正能够听的耳朵。他们也不能够明白先知所传讲的话语。为什么呢？因为他们的心刚硬，他们的眼光锁定使用那双判断对错的眼睛。他们一路来都是为着遵行律法而生活的。关于遵守律法的事，他们实在太厉害了。所以，当先知以赛亚从心底里向他们的心传讲神的话语的时候，他们根本不会有任何的回应。神的话语总是向人的心说的，刚硬的心无法领受。

我们也被锁定在同样的情形中——就是对与错。我们非常专注罪的问题。要知道，神对罪一点都不感兴趣？

关于罪，神的态度就是如何去掉它。祂绝对不是那种病态式的要了解罪的每一个细节——要评估什么是好的，什么是坏的。神只是想去掉罪罢了。祂才不会这样想："哇，你这人太可怕了，实在是可怕的人，你是一个罪人啊！"当然，神知道你是一个罪人！你是从亚当生的。除了在耶稣里，你在任何地方都没有希望。耶稣已经洗净我们的罪。耶稣洗净我们多少的罪呢？全部！不是罪的问题。不是对错的问题！问题是我们睁眼所看的东西是什么。问题是我们看了另一样我们本应当看的事实。

甚至我们作为基督徒，我们的眼睛仍然习惯于看对错。我们的价值体系仍然建立在罪行还是义行上。我们的眼睛在乎怎样做才是对的，怎样避免做错。我们在乎的全都是应当和不应当的事情。实际情况并非这样。当我们盯着对错、正邪的时候，你的基督徒的生活仍然在那棵错误的树底下——就是分辨善恶树。"错误的树"这个词让我们清晰起来。现在，蒂妮诗和我常常彼此默契地对视，因着身边的一些事情发生的时候，人们是出于对错的判断，我们会彼此心领神会地说"错误的树！"

有一个有趣的问题值得我们默想。你会不会认为，神每天早上醒来的时候，祂心里想"今天我不可犯罪"？当然不会！神的本性是不犯罪。祂怎样做到的呢？因为祂活在一个跟我们完全不同的机理中。祂是以爱的规律来生活的，而爱是不会犯罪的。神的爱不能使自己落在任何的罪中。一个充满爱心的人，即便他还不明白什么是罪，他也不会犯罪——因为爱不会犯罪。爱总是用最好的，或做最好的，给那蒙爱的人。爱不会从那个蒙爱的人那里偷走什么，也不会向那蒙爱的人撒谎。当你爱一个人的时候，你不会去伤害这个人。爱天然地自动地成就了律法的要求。心灵的眼睛关注于爱，肉体（思想）的眼睛关注的是对错。先知以赛亚的一生和他的侍奉正如神向他所说的：这些人，他们的眼睛被锁定了，专用判断对错的眼光看人，他们无法得医治。

从耶稣的服侍看

好了，现在我们来到耶稣的年代。在马太福音第13章13节开始，我们看到耶稣，以及祂的所有的讲道和教导，也都是关系到同样的事情，就是心灵的眼睛和耳朵被打开的事。祂这样说：

所以我用比喻对他们讲，是因他们看也看不见，听也听不见，也不明白。在他们身上，正应了以赛亚的预言，说：

'你们听是要听见，却不明白；

看是要看见，却不晓得。

因为这百姓油蒙了心，

耳朵发沉，

打开心灵的眼睛

眼睛闭着；

恐怕眼睛看见，

耳朵听见，

心里明白，回转过来，

我就医治他们。'

但你们的眼睛是有福的，因为看见了；你们的耳朵也是有福的，因为听见了。我实在告诉你们：从前有许多先知和义人要看你们所看的，却没有看见；要听你们所听的，却没有听见。"

实际情形是，我们所生活的年代跟以赛亚，以及耶稣所生活的年代是一样的，人们的心同样是被蒙了脂油。他们之所以是蒙蔽的，是因为他们心灵的眼睛被关闭了，而那双分辨善恶、对错的眼睛却睁开着。

那错误的树，它所结出的果子和力量，并非仅仅是它能分辨错误。它更阴险的力量在于它也同样能分辨正确。我们之所以凡事察验对错，是因为我们相信"好的"才是神喜悦的，"好的"才是敬虔的东西。难道别人做对的事、"好的"事，我们还会觉得有问题吗？让我在这里表达得更清楚些，因为所谓"好的"东西，对神来说是没有必要的！神所以是神，并不在于祂选择"好的"。神的本性是爱，这就是关于神的一切了。神寻求的是爱，而不是什么是"好的"！

当你问这个问题"这件事圣经是怎样说的呢？"或者"哪一件事情是正确的呢？"或者甚至问"若是耶稣祂会怎样做？"——那你还是活在错误的树里面。如果所问的问题是出自错误的树，那通常答案也是在那错误的树里面。有人曾经问我，是关于教会内带领人犯罪的事情，"这个跟爱没有任何的关系吧，这件事完全是事实！"这在我看来实在太荒唐了。基督徒在面对和处理任何事情的时候，怎么可以跟爱没有关系呢？神是爱！基督信仰中的任何一件事，每一件事，都应当基于爱，是爱的体现。爱和事实是一体的！

耶稣用比喻尝试打开人们心灵的眼睛。祂的比喻不是用思想来分析的，若不是用心去揣摩，你将始终不得其要领。这就是耶稣整个侍奉的要点：让心灵的耳朵听见，心灵的眼睛看见，心灵得以明白。当耶稣第一次在会堂里讲道的时候（路加福音4:16-21），祂读了以赛亚书卷："主的灵在我身上，因为他用膏膏我，叫瞎眼的得看见，"我相信主耶稣在这里真正要讲的不是肉眼上的瞎眼。我相信，祂所要讲的乃是心灵眼睛的瞎眼。祂的服侍，就是祂从阿爸天父那领受的使命，是来打开我们那双瞎了的心灵的眼睛。

请思考：耶稣是怎样拣选祂的十二个门徒的？他们都是被撇弃的，可以说，他们是经历犹太拉比宗教学校学习后成绩并不怎么样的人。耶稣怎么知道要挑选这十二个人成为祂最亲近的跟随者呢？因为耶稣有一种能力，是祂的父赐给祂的，就是能够读懂人的心。祂能够看出谁是天父要赐给祂的那一个。而这些人就是有这样的心的人，他们可以敞开自己的心来领受天父对他们的爱。耶稣在地上的服侍，从外在来看，祂实在是缓慢的（有些人就是这样认为的）。带着这么一群混杂不一的人。他们有的是打鱼的，有的是自恋狂，有的是视财如命的税官，还有一个宗教狂热份子（他主张用暴力推翻罗马政府），他们简直就是社会的垃圾，一群乌合之众。

我喜爱这些所谓的乌合之众。我喜欢跟这些被人忽视和拒绝的人一起做事。按常理来说，人都喜欢媒体上宣传的那些好人，他们信誓旦旦。事实上我但愿也能跟这些人往来，这样他们就能从他们的处境中脱离。现在很清楚，谁是真正拒绝人的人。耶稣拣选了那些被人拒绝的人，他们却有一颗美好的心，这是他们自己清楚的。他们绝大多数人后来都成了殉道者。祂将对人类拯救的责任交给了这些门徒。这是个巨大的责任。耶稣曾亲自担当起这个拯救人类的责任，但是，当祂从死里复活，升天回家的时候，这个责任却交给了那十二个门徒。如果祂不是那么信任他们，不相信他们在圣灵中能够成就这大事，那我们还有什么希望呢？但是，祂选择了心灵美好的人，就是心灵的眼睛开着的人。这些人他们看事情不是专注在对错，而是转而看神的爱。

古道再探

我们需要清楚地认识到，福音是关乎神的爱，福音不是关乎神的公义。神的爱本是公义的，不会将公义排除在外。公义是爱的产物，而不是爱的核心。今天教会在关于爱的事情上一直挣扎。挣扎于如何爱一个人，领袖之间如何相爱，宗派之间如何相爱。许多主要领袖不能信任正在兴起的年轻领袖。反过来，年轻的正在兴起的领袖难以爱戴他们的领袖。为何我们在爱的事情上如此挣扎呢？因为我们实在是没有经历过爱。我们的眼睛始终盯在对错上，我们将自己的生活建立在一个评估体系中。所有所谓的"基督徒"的冲突，都源起于和滋养于这种对错善恶的评判的眼光。基于这种眼光下的任何的解决方法都是苍白无力、充满瑕疵，因为都是用脑而不是用心，没有爱啊。

有一条更为轻省的道路：让天父的爱充满你，直到这种爱成为你生命的表达为止。当你被天父的爱充满的时候，你会发现一件有趣的事。你会发现你对罪不再感兴趣了。你也不会感兴趣于弄懂什么是对什么是错。你只想去爱！你会发现，去爱，是不会犯罪的。神的爱不会犯罪。人的爱可能还会犯罪，但是神的爱不能。神的爱，是神最突出的本质。如果我们想要用神的爱来爱的话，那只有一条路，就是让神的爱来充满我们。如果我们的心灵的眼睛能够睁得大大的，你将会经历到神对你前所未有的爱。神对你的爱将不会改变，但你对神的爱的经历是会改变的，因为你将能够用你的心来领受祂的爱。因为神的爱总是，并只是，进入人的心灵。

从保罗的事奉来看

我们将继续在使徒保罗的事奉中看到这个圣神的命令，就是要睁开那双瞎了的眼睛。保罗是新约圣经中举足轻重的一个作者。我窃以为，稍作联想，比起其他十二个门徒，保罗对我们更为重要，因为，跟我们一样，他从来没有跟耶稣面对面过。他不是耶稣直接带领的门徒。他成为基督徒，就跟你我一样。他在去大马士革的路上，被神震撼到了，并且眼睛当即瞎了，这经历绝对不是平常的，而事实是，保罗因着与复活的耶稣这样的经历成为了相信耶稣的人。并在这相遇的经历中，保罗被授予他事奉的使命。

我们从《使徒行传》26章12-18节更加清楚地看到他在往大马士革路上那个相遇是怎样地改变了他。保罗在亚基帕王面前申述：

"那时，我领了祭司长的权柄和命令，往大马士革去。王啊，我在路上，晌午的时候，看见从天发光，比日头还亮，四面照着我并与我同行的人。我们都仆倒在地，我就听见有声音用希伯来话向我说：'扫罗！扫罗！为什么逼迫我？你用脚踢刺是难的！'我说：'主啊，你是谁？'主说：'我就是你所逼迫的耶稣。你起来站着，我特意向你显现，要派你作执事，作见证，将你所看见的事和我将要指示你的事证明出来。我也要救你脱离百姓和外邦人的手。我差你到他们那里去,**要叫他们的眼睛得开,从黑暗中归向光明,从撒但权下归向　神**;又因信我,得蒙赦罪,和一切成圣的人同得基业。'"(使徒行传26:12-18 和合本)

我们在这里看到,保罗跟摩西、以赛亚、以及耶稣一样,领受了同样的使命。他的服事是一个打开人们心灵的眼睛的服侍,使人们能够看见真理。这段经文讲的是,如果你心灵的眼睛没有打开,你只是靠着思想的眼睛生活,那你还是行走在撒但的道路上。换句话说,靠着分辨对错的眼睛生活,那是撒但的活法。

使徒行传28章再次讲到。保罗一直以来都在向摩西和先知(25节)的后代传讲耶稣基督福音。他跟他们从早到晚地讲,然而,他们并不喜欢保罗所讲的:

他们彼此不合,就散了;未散以先,保罗说了一句话,说:圣灵藉先知以赛亚向你们祖宗所说的话是不错的。他说:

看要是看; 白明不却, 见听要是听们你: 说姓百这诉告去你'怕恐;着闭睛眼,沉发朵耳,心了蒙油姓百这为因;得晓不却,见'。们他治医就我,来过转回,白明里心,见听朵耳,见看睛眼(使徒行传 28:26-27 和合本)

保罗在这里直接引用以赛亚书第六章的话语。我们从

打开心灵的眼睛

这里看到，保罗所传讲的其实缘起于同样的一件事。从摩西到以赛亚，从以赛亚到耶稣，然后再到保罗，所有神的事工都是关于打开人的心灵的眼睛。事工不是教导一些行为准则或原则，事工的目的就是要帮助人来打开那双久闭的眼睛——心灵的眼睛。因为你的心灵的眼睛一旦打开，你就从分辨善恶转向神自己。

要记住分辨善恶始于哪里，它源自撒但败坏的智慧，这智慧激动撒旦想要跟神一样。在前面的章节中我已经点出这一点，我引用了《以西结书》28章。撒但的作为是出自他败坏的智慧，这智慧仅仅在乎选择对的，克制做错的。所以我说，生命树，是神本质的彰显，而分辨善恶树是撒但本质的彰显。

这里我需要澄清，免得产生误解。超速驾驶毫无疑问是错误的事，谋杀更是。这绝对不是问题。但是，当我们面对生命的实际的时候，我们经常是在对错之间做选择。在公交车前面行走是对还是错？当然是错的！如果你是一个医生或护士，你需要晓得做对的事。我去看病一定要找一个好医生，他晓得怎么才是对的。一些事情我们清楚地知道是不对的。但是，当我们与神建立关系，我们与神同行的时候，对错就与之毫不相干了。这里讲的是你个人在亲密中与神同行，你的服事是从这样的同行中流淌出来的。做为一个基督徒，你不会因着做对事而得着平安。你得着平安，是藉着忘掉什么是对什么是错，并沉浸在神的爱里。当你沉浸在神的爱中，你就被神的爱充满，除了去爱，你不会做任何事，爱不犯罪。

要用神的爱去爱的唯一途径，就是要被神的爱充满。耶稣在十字架上受死，使我们能够坦然无惧地来到神施恩宝座前，跳上天地万物创造主的腿上，在祂的拥抱中寻求完全的接纳。当保罗说到从撒但的权下解脱出来归向神，说的就是从黑暗转向光明。对我来说这非常重要。当你努力尝试藉着判断和选择对错来生活的时候，你会发现一件事：你活得越长，你的对错罗列的单子也越长，这单子根本没有终结。它是谴责的不止息的泉源。不管你做得多好，总有新的事情随时冒出来，叫你防不胜防，措手不及。今天基督信仰最大的问题就是互相谴责，弥漫着一种怎么也达不到满意的沮丧气息。我们倍受谴责到一个程度，甚至我们都不敢从神那里寻求解答，于是我们聚集在种种的特会中，要领受个人性的先知预言。然而，现实是，没有人比你更靠近神。神活在你的心里。

事奉的真意

这就是事奉真正的意义。当我将这些经文展示出来的时候，从伊甸园开始的一切事奉的总归，就是我们的心灵的眼睛将会被打开。从神的眼光来看，福音非凡的目标，就是人们的心灵的眼睛将被打开，以致神能够被人晓得。神的心意是每一个福音的服侍者，有权力去开启

打开心灵的眼睛

那曾经瞎了的眼睛——心灵的眼睛。做为一个传道人，我深深感受到，这就是神给我的权力，去开启那瞎了的眼睛，使心灵的眼睛活过来。当你的心灵的眼睛活过来的时候，启示就临到你。我从来没有想到，领受神启示的地方，正是神爱的地方。当你好好琢磨这事的时候，你会发现这是多么的显而易见啊。如果你要经历神，你越是亲近爱神，你就越多地经历神。为什么？因为神是爱。当你跟神亲密融洽的时候，你的耳朵就能听到祂。神从心里说话，祂向心灵的眼睛启示自己。懂得神，远远超越理解神。理解神，仅仅是懂得神的一个副产品，而神的爱使我们懂得祂。

你的心越敞开，你就越明白神，你越能听到神，你越能被医治。我们花了多年的时间祷告神，要让人得医治，我们看到了一些不可思议的在情感上的医治。现在，我要带人进入那医治的潮流中。你可以给一个饥饿的人一条鱼，你也可以教一个饥饿的人钓鱼。哪样更好呢？我现在并不专注在个人医治的祷告，因为我想告诉人们，怎样进入阿爸天父为他们预备的爱的潮流中。一旦人的心向神的爱敞开，神的医治就会持续临到这个人的一生。

我不会将我的盼望寄托在任何一件事上，如果它会将我与阿爸天父同行的喜乐拿走的话。如果你停止享受那亲密的关系，你的心就会再次开始关闭。野心、梦想、绩效、目标、和策略，这些将会成为你的专注。接着，你的心灵的眼睛就开始关闭上了。像有人说的："我太过强烈专注我的异象，以致我失明了。"我们可以从神领受异象，而太过强烈地专注它，以致我们丧失灵性的洞见。享受你个人与阿爸天父的同行，享受阿爸天父对你的爱，陶醉在祂对你的爱里。当你这么做的时候，你心灵的眼睛和耳朵就会大大敞开。你对神的了解和洞察将会成长。如果你跟别人谈话，就在你们谈话中阿爸天父爱着你，那跟你谈话的人也会感受到祂的爱。敞开你的心去经历神的爱，就在你谈话的时候，爱会实实在在地通过你流淌到听你说话的人的心里。我们称这叫"恩膏"，而这只是神透过你实实在在彰显祂自己而已。

我写这些是要给你带去希望，千万不要灰心沮丧。如果你发现你一向来都是用那错误的眼睛看，那是正常的，因为我们每个人都这样。对于我们每个人来说，心灵的眼睛闭着，没有发挥作用，那是常态。我提出来是要证明那看对错的眼睛，实际上不应当是基督信仰所要有的眼睛。如果我们能够理解那眼睛正在将我们牢牢地锁在错误的福音上，那我们心灵的眼睛就会强大起来，最终打开，看见真理。

你可能很想知道究竟自己心灵的眼睛是否开着。你怎样知道呢？你所要做的就是问你自己这个问题：你正在读的你喜欢吗？我跟你所沟通的这些你有共鸣吗？你看，如果你喜欢，那是你的心喜欢，是你心灵的眼睛开了,享受着这一真理。不要担心你的眼睛到底开得有多大。体会神正在更大地打开它,神会继续这样做。神越打开你的心灵的眼睛,你就越能相信阿爸天父对你的爱,越能领受这爱。反过来,当我们转而在意什么是对什么是错的时候,天父的爱就被隔绝在你的心之外。之所以被隔绝,是因为你所能看见的,是你自己的不配,和你必须去矫正自己,神的爱的潮流就会受限制。事实是,神爱你,是因为神的本质是爱,不是因为你的价值或美德。祂爱你,因为祂是爱;祂爱你,因为祂创造了你,祂不能不爱你。进入到神永恒的爱里的唯一的途径,是藉着耶稣,但是,即便你都还没有来的时候,祂就已经爱你了。神是如此爱世人,甚至将自己的独生爱子都给了他们。

这是一个启示,它将全然抓住你的心,在你软弱的时候,你不能否认那事实,就是你所看见的。你对神的看法因着启示而改变。你曾经藉着理解所学到的东西,你可以否定掉,但是,你无法否定你藉着启示所看见的。启示,是心灵的眼睛的开启,用神的方式去看。启示使人能够看见神的真实,以及与祂同行的真意。

3
第三律法

∼

本书的第一部分我们已经看到巨大的思想的转变,就是在我们与神同行的这件事上所发生的巨大的转变。我们认识到我们一直以来的生活都出自那错误的树,我们认识到我们心中的眼睛需要被打开,使我们看见神的真实,而这样的认识应当成为我们基督信仰的真正的根基。相对于以往的好与坏的知识的根基,天父的爱的这一启示是一个新的根基。而是事实,这一启示是一个全新的根基,因为我们的眼睛一路来都是瞎的。我们心中的眼睛的开启,是认识神的唯一的途径,因为神唯独通过启示而被认识的。在本章里,我将写下另一个思想的改变,是我近来看到的改变。

福音究竟是什么

自从我领受了天父的爱的启示,并开始以神儿子的样式来生活以来,我生平第一次感到我终于明白了福音。

第三律法

像我这样做基督徒做了这么长时间的，你肯定以为我是知道福音的，但实际上我真的不知道，我只是刚刚开始看见它罢了。我很想知道那些声称自己是基督徒的，到底他们有多少人真正知道福音的。在基督教会的整个身体中有许多真心诚意的人。我们与世界各地的许多信徒见面，这些见面却使我们大为震惊。他们所过的生活，他们所做的，以及他们心中所想的，他们都让我们感到惊愕。我们真的爱基督的身体。然而，在这个过程中，我感到许多人过着基督徒的生活，却没有真正了解它到底是什么。几年前，蒂妮诗和我在斐济与一群青年领袖交谈。我们是在一个没有围墙的茅草屋里开会的，那屋顶是由木杆支撑的。作为一个讲员，我能看得出人们是否明白我所说的，我能从他们的眼睛里看出我是否说到他们的心里。当我说话的时候，我惊讶地意识到我的听众实际上知道得太少了。他们中的大多数人不会读也不会写，所以我尽量讲得简单些。他们中的大多数人都没有像我们这样接受过教育。我记得当下我对蒂妮诗说，他们如此热情，却又如此缺乏理解，这是多么令人惊讶。当时我想知道他们为什么这么热心，因为他们知道的很少。现在我看出他们是热心的，因为他们经历了神对他们的真实。

在过去的二十年里，我一直觉得自己站在一条启示的河流中。我不完全知道这是往哪里去，也不知道它会在哪里结束，但它却是美妙而非凡的。其中一些启示是惊人的，当代基督信仰将因此而挣扎。于是我们走了一条孤单的路。当我们在某件事上得到启示时，圣经中许多其它的东西就会被触发。就像把一块图片放进一个拼图里，突然间你看到另外十块拼图的位置。那是一个非常令人兴奋的生活，但它也是一个孤单的生活。

有时候，你会为所读到的一些经文反复思考琢磨多年，甚至为一段无法把握的叙述或一个搞不清楚的概念而挣扎多年。在我的基督徒生活中，我一直为一段经文苦苦寻求（我已经做了四十多年的基督徒），但就在最近，我才看到了它的含义。这并没有在一瞬间一闪启示出来，这更像是对福音真正意义的初步认识。当这种理解开始出现在我身上时，我大为震惊。

我指的是罗马书的第七章。当我读罗马书第七章，并继续读到第八章时，我得到了一个关于它所说内容的启示，我真的觉得这像是我与神同行的圆满结束。我对一些基本的和基础的东西有了令人难以置信的理解深度上的领受。当我分享启示时，我总是冒着风险，因为人们往往无法理解我试图传达的信息。然而，你不能强迫人们接受启示。人们只能接受下一步。更深的理解需要长期奠定的启示的基础，以便能够掌握更大的理解。你只能听到或看到你可以听到或看到的东西。当这事发生在我身上的时候，我第一次感到我开始明白保罗的思想。就我个人而言，很多东西我认同其他人的看法，而非保罗的

第三律法

看法，但在这方面，我觉得我开始理解保罗的看法了。这很令人兴奋。好吧，让我回到旧约，看看先知以西结。

以西结的预言

以西结书中有一节经文，这节经文改变了我的眼光。旧约的先知们开始预言神将要带到世上的新约。祂拣选了亚伯拉罕的后裔，为祂向世界各国作见证。这就是祂向亚伯拉罕所应许的，世界各国都要因他的子孙得福。神的律法是借着摩西在西奈山上赐下的，但这律法永远不能被成全。这法律是要告诉你，你不可能守得住！但先知们却预言有一个新的日子要来到，他们预见耶稣的到来。在以西结书的（36:22-28）这段经文中，我们看到所预言的新的日子的样子：

"所以，你要对以色列家说，主耶和华如此说：以色列家啊，我行这事不是为你们，乃是为我的圣名，就是在你们到的列国中所亵渎的。我要使我的大名显为圣，这名在列国中已被亵渎，就是你们在他们中间所亵渎的。我在他们眼前，在你们身上显为圣的时候，他们就知道我是耶和华。这是主耶和华说的。我必从各国收取你们，从列邦聚集你们，引导你们归回本地。我必用清水洒在你们身上，你们就洁净了。我要洁净你们，使你们脱离一切的污秽，弃掉一切的偶像。我也要赐给你们一个新心，将新灵放在你们里面，又从你们的肉体中除掉石心，赐给你们肉心。我必将我的灵放在你们里面，使你们顺从我的律例，谨守遵行我的典章。你们必住在我所赐给你们列祖之地。你们要作我的子民，我要作你们的神。"

在这里，我们又一次看到这个真理，即作为基督徒，我们是根据爱来生活的，而不是根据对错来生活，我们也不是试图论断我们自己或他人的对错。当亚当和他的妻子看见那棵分辨善恶树的时候，他们看到这树的果子好作食物。从过生活的角度来看，这树看起来确实很有吸引力。更有意思的是，吃这树上果子的人看起来似乎确实会变得好起来。我们将这些人看作是模范基督徒，因为我们的评估是基于他们做的每件事都是对的。这树的果子看起来好作食物，很吸引人，吃这树果子的人看起来也会很吸引人。它似乎会让你变得聪明。你看起来会像是一个晓得一切对的东西的人。看上去好像我只要这样做，就会变得聪明。然而，照着你对神的圣洁的有限理解，你会被自己认为对的东西所限制。这些东西只会让你长知识罢了。然而，基督信仰是用爱来衡量的，而非知识。

以西结书36章26, 27节，我们看到一段简短的叙述，说到当神设立新约的时候，新约究竟是做什么的。这就是活在神的爱中的生活将会带你去的地方。相比于旧约，这段经文宣告了一件事，就是神将要设立一个活泼的新约。

在36章26节，我们看到这个新约的一个描述，神说：

第三律法

"我也要赐给你们一个新心,将新灵放在你们里面,又从你们的肉体中除掉石心,赐给你们肉心。"

你需要知道,当圣经使用"新"这个词的时候,通常与"更新"这个词可以互相交换的。

这里的希伯来词是chadash或chadashah(阴性),带有"更新"的意思,或者"使成为新"的意思。

当神说:"我要赐给你们一个新心,将新灵放在你们里面,"祂是在表达救赎的意思。祂是在说一个被更新了的人类的心灵。这里的"石心",跟耶利米书17章9节所说的是一样的心,"坏到极处"的心。当神赐给你一颗新心,那是一颗好的心,不再是石心,而是肉心。这就是为何当我们被神的灵充满的时候,我们的心就开始渴慕神的事。接着我们就会被神的灵带领——透过我们的心。神会给我们的心各样的渴慕,使我们开始动起来。祂更新我们的心,更新我们人类的灵。接着祂应许将自己的灵放在我们里面。接下来这句里出现一个词,这个词实在太震撼我了:

"我必将我的灵放在你们里面,'使'你们顺从我的律例,谨守遵行我的典章。"

当我们靠着分辨善恶树来活出我们的基督徒生活的时候,那实际上并不是基督徒的生命,那是旧约守律法的生活。我们也遵守律法,但那是在我们得救之后生命的流露，并非为了换取救恩。我称这样守律法的基督徒为"旧约基督徒"。其结果是，救恩的能力将从他们生命中被偷窃了去，福音的真正的意味也会被偷窃了去。要行善，避免行恶，这些都是我们要使我们自己去做的事。是神使我们行走祂的路，还是我们使我们自己行走神的路呢？是的，只有神自己能够真正使我们行走祂的路。在我们基督徒的生命中，我们在"立志和行事"两方面都是神在我们心里运行（腓立比书2:13）。在持守神的诫命上，除了是神自己使我们去持守之外，真没有任何别的力量能够使我们去持守的。当我们不依靠神的时候，诫命就落在我们的身上，我们就得自己来做正确的决定。这样，我们基督徒的生活就一直被我们自己的果敢判断的能力所带动，被自己的自律和雷厉风行的行动力所推动。

神透过以西结赐下的应许是，祂会使我们——这就是新约的精华。神是在说："我会改变你们的动机，我会使你们去做我喜悦的事。"当我听到神的这个应许的时候，我全部的回应就是呼喊："让我拥有这应许！"如果神能改变我，那当我面对诱惑的时候，就不是我的努力或我的自律能够抵挡诱惑了。反而是神，祂能使我去做对的事，祂会使我去做祂喜悦的事。这个我要！

多年前我跟神说："不管付出多大的代价，我不在乎会有多疼痛，求你将任何拦阻我活像耶稣的东西给剪除掉，可以吗？请你速成耶稣的样式在我的生命里，我不在乎那会多伤害我！"哈哈，神没有任何回应，但那时我并不理解这新约的事实，就是神自己会使我去做祂会做的事。我那时没有认识到，这才是福音真实的应许——神会成就一切！

保罗在罗马的演讲

这带我到了罗马书第7章，这是我非常钟爱的一章。头四节对我来说是非常清晰的。在这几节里保罗解释了我们是如何从旧约律法的要求中解脱出来，以致我们能够藉着我们与神的关系进入新约里。在神的眼中，旧约好像是一个婚姻，其婚约是不能解除的。我知道，今天离婚泛滥，婚姻在我们的文化中似乎已经不再重要了，但保罗以婚姻为隐喻旨在强调旧约的永久性。

神跟以色列人所立的旧约得追回到亚伯拉罕。当神给以色列人立此盟约的时候，祂将这盟约看着婚约一样，就是双方一生信守的承诺。我们可以从整个旧约圣经看到这一点，尤其是在《何西阿书》中。神告诉先知去娶一个妓女为妻，这样，当她不忠于何西阿的时候（她确实不忠），何西阿就知道当以色列对神不忠时神的感觉是怎样的。神将自己跟祂子民的关系比作是一生的姻缘。

保罗在罗马书第七章中说，婚姻是一个有约束力的盟约关系，直到有一方死亡。除非"死亡将我们分开"，否则这个盟约是不能被破坏的。只要还有以色列人，这个盟约就不会被破坏。这个盟约是神赐给亚伯拉罕和他的子孙的。然而，保罗在这里却说，旧约里的盟约已经不再对我们有任何的影响了。你可能很想知道这盟约何以被打破了。我可以告诉你，神是怎样从这盟约中脱身的。祂死了。只要双方都还活着，盟约就有效，但当耶稣在十字架上死了时候，这盟约也就结束了。

旧约的要义，简单地说就是："你要照我说的去做，遵守摩西律法和十诫，我就会祝福你。"这就是为什么当我们从分辨善恶树中活出基督徒的生活时，我们好像仍旧活在旧约之下，我们仍然生活在有条件的协议中。只有你做了对的事，才担保祝福临到你。我看到很多基督徒在自己的家里的墙上挂着约书亚记里的一段经文："你们今日就可以选择所要侍奉的，至于我和我家，我们必定侍奉耶和华。"换句话说，"如果你选择做对的事，我就会祝福你。"这一观念是旧约的观念，新约不是这样的。

新约的本质是：我必将我的灵放在你们里面，"使"你们行走在我的道上。这跟旧约迥异，旧约说："这些是我的道路，你们去行吧！"旧约的约定要求你有责任去做！罗马书第七章一开始就宣告，因着耶稣在十字架上的死，旧约结束了。当耶稣死在十字架上的时候，另一件特别的事发生了，那就是你也死了！我们都跟祂一同死了！同样的，当祂从死里复活的时候，整个受造界都被影响了，因为祂以祂存在的实体把所有的受造物维系在一起（歌罗西书1:17）。这样，既然所有的所造物在基督里维系在一起，那当祂死在十字架上的时候，祂所维系的会发生什么事呢？是的，它死了。这样，当祂从死里复活的时候，又有什么事情发生呢？万有都跟祂一起复活了。

旧约结束了

可是，我的关注是，当耶稣死了的时候，旧约里的婚约就结束了。有趣的是，这一现实的严重性甚至在历史上一直在上演着。耶稣死后不久，耶路撒冷就被罗马人洗劫了，圣殿也被夷为平地。利未人的祭司职分也停止了，大卫的后裔再也找不到了。那世代，旧约的世代，实实在在结束了。我没有想要跟犹太人争辩，但我确实知道，当他们认识到耶稣是弥赛亚的时候，救恩就向他们打开了，正如向我们打开一样。没有基督，不管是犹太人，还是外邦人，都是没有希望的。全人类的救恩都在耶稣基督里面了，圣经非常清楚的说明了这一点。

保罗非常清楚解释了，神跟以色列人所立的旧约已经结束了。遵守律法，才有资格得到神的保守、眷顾、和恩惠，这样的要求已经无效了。当耶稣死在十字架上的时候，这项具有约束力的约定就被破除了。然而，有一件重要的事情一定得晓得，那就是律法本身还是有价值的，因为它是永恒的。神的律法是永恒的，而约束我们的那个盟约却是暂时的。罗马书第七章第四节做了这样一个

古道再探

总结：

"我的弟兄们，这样说来，你们藉着基督的身体，在律法上也是死了，叫你们归于别人，就是归于那从死里复活的，叫我们结果子给神。"

换句话说，藉着耶稣的死，我们向律法也死了。我们向那婚约死了，以致我们可以将自己归给那位从死里复活的耶稣。双方面都参与了这事——神和人。只是这次的盟约是新的盟约。神所以能够成就这件事，只有一条路可行，那就是透过死和复活。

现在我要花些时间来好好看看这一章经文里的几个要点，因为这几个要点谈到了那正在起作用的两个不同的律。这两个律一个是摩西的律法（或者你可以称之为神的律），另一个是罪的律，它还在我们的身体中运行着。

盟约关系是结束了，但是，律法却不被废去。也就是说，旧约已经结束了，守律法并不能为你跟神的关系带来什么特别的好处。守律法不再是你蒙祝福的保证了。尽管如此，律法本身却是永恒的。马太福音5章18节，耶稣说：

"我实在告诉你们，就是到天地都废去了，律法的一点一画也不能废去，都要成全。"

确实是这样，但那以律法来维系彼此的盟约关系已经

第三律法

废除了。

保罗在罗马书7章7节说到:

"这样,我们可说什么呢?律法是罪吗?断乎不是!"

可见,律法本身并不是什么坏东西,它是好东西。罗马书7章12节甚至这么说:"......律法是圣洁的,诫命也是圣洁、公义、良善的!",再看第14节,这里说:"律法是属灵的!"

神的律

那神为什么要赐下律法呢?律法究竟意味着什么呢?当律法被赐下的时候,人类已经不认识神很久了。始祖离开伊甸园之后,已经好多代过去了。人类已经没有任何能力去明白神、神的本性、和神的生命之道了。显然,人们仅仅将神看着是宇宙中全能的主宰,除此之外就一无所知了。人类没有任何的渠道来了解神,直到神自己赐下律法。一次又一次地,神跟不同的人接触交往,诸如以诺、挪亚、亚伯拉罕等等,但就整个人类来说,人们对神真的是一无所知。这样,当神赐下律法的时候,祂其实是赐下一些关于祂自己的性情的有效的描述。神所赐下的那十诫就是帮助人类明白神的一些性情。赐下律法的重点绝对不是给出一长串的禁令叫人去守的。遵守律法,这是对律法本身最可怜的诠释了,但是,神还是得赐下一些东西,使得人类能够明白神究竟是怎样的。

古道再探

几年前，我花了些时间默想圣经中的十诫里的遣词造句，"不可杀人，不可偷盗，不可说谎，等等。"当我默想这些词句的时候，我开始体会天父对我的爱，开始触摸到祂的爱的优美。十诫如果只是泛泛读来，那我肯定领受不到关于神的爱的启示。像"不可偷盗"这样的语气，听起来真够生硬的了，这实在是一件对你的行为的规范和要求的事情，哪能感觉到天父的爱。

我总觉得哪里不对劲。作为一个基督徒，在我的整体的观念中，天父的爱开始成为最显著的东西。多年前，主耶稣对我说："詹姆士，我要你好好看看你曾经教导的东西，我要你用天父的爱的亮光来重新察看你这些年所教导的东西。"怎样用天父的爱的亮光来看神的十诫呢？于是我开始经受挑战了，我的思想开始泛起一些东西，是我从来未曾接受的。

这之后不久，我们在荷兰有一次聚会。在那里有一个犹太背景的人。他是一位圣经新约学者，他的专注是解释耶稣当时的犹太人的文化。比如，当时的犹太人听了耶稣的一些教导的时候，跟我们今天的人听同样的教导，会有怎样的理解上的不同，甚至于完全相反。我就跟这个人聊起来，我对他说："我对十诫思考了很久，想好好理一理，做个总结。我对十诫有一个特别的观点，我想请教你，请你真诚地指出，看看我的观点是否有问题？会不会我完全搞错了？"

第三律法

他看着我，我继续说："对我来说，当神说：'你们不可偷盗'的时候，祂真正说的是'在我这里，我从不会向任何人偷盗，这样，如果你想要像我一样，那你也不会偷盗了。'祂其实是在讲述祂自己。"还有，"当祂说：'你们不可杀人'祂的意思是，'在我这里，我根本不会伤人毫发。在我这里我不会杀人，如果你想跟我同行，那你也不会杀人。'"当我这样说的时候我略略有些担心，毕竟对方是一位知名的犹太教学者。

他的眼睛直直地看着我，说："詹姆士，你完全正确！"这听起来太爽了，我当然喜欢自己说的是正确的！他告诉我，在希伯伦文化中，并不存在纯粹的概念性的陈述，你根本做不到。希伯来文化不在意单纯的概念性的东西。十诫首先是关系性的。当神说："你们不可杀人"的时候，祂不会简单地下一道禁令。祂肯定是在讲关系的事情。

实际上，十诫是我们堕落的人类开始认识神的一个途径，透过十诫我们开始抓住神的性情。神祂不偷盗，祂不杀人。祂知道……，祂要求我们尽心、尽性、尽意、尽力敬拜祂，因为那是最美的事实。神比我们大，不将我们的生命完全献给祂真的是傻啊！透过这十诫（希伯来原文的意思是"十言"）祂在描述祂自己的性情。当我们查考十诫的时候（我们确实在查考），其实我们是在透过一个视角看见神的性情，就是我们这些肉体凡胎可以理解的性情。这才是十诫的关键!

但问题是! 即便你守住了律法, 你的公义也还是不够的! 为什么呢? 因为这不是神所要的公义。根据耶稣在马太福音5章22节说的, 祂所要的公义, 是胜过文士和法利赛人的公义。我记得多年前我读这段经文的时候, 我那时心里想, 那怎么可能做得到啊? 我根本说不出像保罗所说的, 在腓立比书3章6节, 他说, "就律法上的义说, 我是无可指摘的。"我知道跟保罗的公义比起来我差太远了, 不到十岁我已经不成人样了! 我早就践踏了神的律法! 这样看了, 神所要的公义肯定不是简单的受律法, 而是另一样更美的东西。

神的律法是属乎灵的, 是圣洁、良善的, 因为神的律法描绘着神的性情。这样看来, 神的律法总是真实的, 它不会被废去。

罪的律

现在看, 同样是在罗马书第7章, 这里提到另一个律, 在第14节及其之后的几节, 保罗说:

"我们原晓得律法是属乎灵的, 但我是属乎肉体的, 是已经卖给罪了。因为我所做的, 我自己不明白; 我所愿意的, 我并不做; 我所恨恶的, 我倒去做。若我所做的, 是我所不愿意的, 我就应承律法是善的。"

第三律法

换句话说，"当我读到律法的时候，我同意它是好的，但是，当我去遵行这对的和好的的时候，我总是做不到，总是失败。一两天我可以做到，可能一两周我可以做到，但最终我肯定做不到，彻底失败。我无法持守律法！"当保罗这么说的时候，他在承认一件事，那就是在他里面有一个更深层面的挣扎。他这样说自己："我是属乎肉体的，是已经卖给罪了。"他同意（第16节）律法是善的。但接着他不得不承认他无法持守住律法。做为他真实的自己，他愿意遵守律法，但住在他里面的罪却一直触犯律法。于是在第17节他继续说：

"既是这样，就不是我做的，乃是住在我里头的罪做的。"

为了强调这一点，保罗在第20节再次说：

"若我去做所不愿意做的，就不是我做的，乃是住在我里头的罪做的。"

这句话实在太棒了！之所以棒，是因为它不再使我们感到纠结了。不是我守不住神的律法，乃是住在我里面的罪在作祟。当亚当和夏娃犯罪的时候，我们都在亚当夏娃里面，我们也就犯了罪。有时候我们回想在伊甸园里的亚当和夏娃，我们希望他们没有犯罪。我曾想过，如果他们那时不犯罪，那我现在就自由了。然而，事实是，我们也会落入同样的网罗中，正像他们一样。我们都会犯罪的。当亚当和夏娃堕落的时候，全人类都成为罪人了。于是，我们里面有了一个偏于犯罪的倾向。照罗马书7章23节，这个倾向叫做"肢体中犯罪的律。"

在你的身体中有一个规律，或称之为一种机理，就是在人的身体中有一种无法逆转的倾向，它接连不断地牵着你的鼻子去犯罪。这个规律是在你里面的。一些神学家曾经说，除非你实实在在犯了罪，不然不能算你是罪人。换句话说，他们认为，你不是生来就是罪人的。他们说，当你成年能够自己承担责任的时候，你才对自己所做的决定负责。在这个年龄之后，差不多十二岁那样，当你决定去犯罪的时候，你才成为一个罪人，在那年龄之前不能算是罪人。然而，持这种观点的人有一个问题，如果他们所说的是真的，那在人类的历史中至少得有一个人他曾经会自己选择不去犯罪（当然，这里指的不是耶稣）。遗憾的是，在整个人类的历史上，我们这颗星球上的亿万人中间，根本找不到一个曾经选择不犯罪的人。如果犯罪是出于选择的话，那到了"能够自己承担责任的年龄"的时候，为何毫无例外的，每个人都选择了犯罪？因为，我们人的构成就是这样的，我们里面有一种倾向，稍不留神就会犯罪。这就是罪的律。

这两个律在罗马书第7章有了清晰的定义。有神的律，或者你可称之为摩西的律法，或十诫。这律是好的，我们都知道并且承认它是好的。我们里面似乎有什么东西，就

第三律法

是喜爱这律法，希望人人都照着这律法来生活。甚至世界上最坏的罪犯，他们也都不想你来偷他们的东西。当他们成为偷盗的受害者的时候，他们也认为偷盗是错误的。当他们偷别人的东西的时候蛮开心的，但不管你做什么，他们都希望你不要偷他们的！绝大部分罪犯他们都期待某种形式的公平。甚至那些杀人的，他们也都想要得到爱。总而言之，杀人的人不想被杀。在我们内心深处似乎有一种东西它非常认同神的律法的标准，尽管我们会触犯这律法。这就是第一个律。这个律是良善，圣洁的，无人争议它的绝对正确性。我们的心爱这律，但我们的肉体却无法守住它。这第二个律，就是在我们肢体里面无法停止犯罪的律。

这一章（罗马书第7章）多年来我读了一遍又一遍，我绝对认同保罗，当他说（第24节）："我真是苦啊！谁能救我脱离这取死的身体呢？"换句话说就是，"我接连不断地因着触犯神的律法而被定罪，因为我的肉体一直在犯罪。不管是我的思想，还是我的行为，我都无法停止犯罪。甚至作为一个基督徒，我还是在犯罪，并且越走越远。"我们发现我们的处境是一样的。这是我的生命经历惨痛的教训之后才认识到的事实。过去多年里，我努力尝试做一个优秀的基督徒，我拼命地自律，不犯罪，做对的事，但我的本质却没有真正改变过。看到这一切，我不可能使自己成为一个更好的人。我还是一个罪人，我所有的自律行为只是一副体面的样子而已。

这就是为何我如此反对将牧师、教师、带领人等放在他们的头衔和地位上去看待。当我们对他们有不切实际的期待的时候，实际上我们正将他们放置在一个他们毫无选择余地，又只能掩盖自己的处境里，就是掩盖他们自己也仍处在肉体情欲的操控之下的事实。如果我们高举他们到一个完美的地步，就是使人以为完美才是基督徒领袖的标准，那我们实际上正将他们高举到一个地步，那就是难以避免的堕落，我们正将他们高举到一个地步，使得他们掩盖自己光鲜亮丽外表背后的种种的缺点，最终恶性循环，他们积重难返！保罗已经学会了夸自己的软弱和缺点，这样，神的能力就会与他同在。

当我们的生命是出自分辨善恶树的时候，我们就会认为，神的祝福是跟好行为直接相连的，而坏行为是被神审判的，就是所谓的善有善报，恶有恶报。我们会认为，那些克制自己不做坏事，又竭力行善的人才是最被神使用的人。我们正将人在他们的服事中高举到一个高处不胜寒的地步，他们得不断地跟各种的试探争战，那争战的强度对他们来说实在太大了。这都是我们过去多年的经验之谈。

第22节说到："因为按着我里面的意思，我是喜欢神的律。"我们从上下文可以看出，保罗这里使用的"我里面的意思"指的是他们的思想。这一章里，"我里面的"和"我的思想"这两个词组被交换使用着，实际上它们

第三律法

的意思是一样的。保罗说他喜欢神的律,喜爱神的律,但他看到另一个律"……肢体中另有个律和我心中的律交战。"你可以看到这两个律的差异。这个在保罗肢体中的另一个律,跟保罗思想中的律是互相交战的,使他服从他肢体中犯罪的律。换句话说,保罗最终被他的身体里的律制服了。这里说的不是教会的肢体,保罗说的是他自己的身体,他的欲望,他的动作。照着我们堕落的本性,犯罪的律运行在我们的身体的各肢体中。

于是,在第24节他哭喊到:"我真是苦啊!谁能救我脱离这取死的身体呢?"我怎样从这挣扎中逃离呢?罪是在我的身体里,这样我就不能打它啊!我喜爱神的律,我绝对认同神的律!神的律实在美好,但我无法持守它!这太窘迫了。还有呢,耶稣所说的就更叫我们感到窘迫了,祂说:"你可能不曾在肉体上犯奸淫,但如果你眼睛看见了什么,而心里动了淫念,你还是犯奸淫了!"耶稣还说,如果你恨一个人,你就是杀人的!这样,律法就不可能守得住了。

保罗曾经困扰于这烦人的窘迫。他说他不知道什么是罪,直到神的律法来的时候。但当神的律法来了(第9节),"罪就活了,我却死了。"他被律法彻底证明了他所犯的罪。这就是那挣扎。我们相信什么是公义和良善的,圣洁和属灵的,却发现我们肢体中犯罪的机理使我们无法持守这些好的东西。律法所设定的标准是我们无法达到的。这就是诸多原因中的一个，使得许多的基督徒只能一生坐在教堂里的长椅上，不是绝望自责，就是希望借着这样的忏悔使他们可以上天堂。他们被这样的挣扎紧紧抓住了，无从逃脱。他们无法相信他们可以服侍主，因为他们觉得他们太不圣洁了。律法（分辨善恶树）不断地谴责他们，以至于他们活在绝望当中。我完全能够理解这样的想法。我也曾落入这样的挣扎中。那时我感到自己实在好苦啊，无法脱离那取死的身体对我的捆绑。

第三个律

于是保罗哭喊出来，是那样的凄惨，那样的揪心，我们绝大多数人都能认同他的：

"我真是苦啊！谁能救我脱离这取死的身体呢？"

我也曾多次以不同的方式哭喊出这些话来！

接着保罗说了这么一句话，这句话几乎令我感到更加沮丧和迷惘。他轻描淡写地说："感谢神，靠着我们的主耶稣基督就能脱离了。"然后就完了。

我的感觉是："什么？我是不是错过了什么？想要遵守律法，却又不能抗拒罪的这种挣扎，解脱在哪里呢？"这句"感谢神，靠着我们的主耶稣基督就能脱离了"它究竟是怎样解脱，使我们自由的呢？我信主已经好多年了，耶

第三律法

稣基督是我的救主,是我生命的主,可是,我还是被这个挣扎紧紧抓住。我尽我一切的努力尝试脱离这挣扎,却始终找不到什么答案。

圣经诸多困扰中有一个困扰,就是它的原文已经被分成了许多的章节。这些章节是在中世纪的时候被加进去的,这样,当我们读圣经的时候,常常只是读到原文的一部分。事实上,保罗在第7章的讲论并没有随着第7章的结束而结束。他的讲论一直继续着。当他说:"感谢神,靠着我们的主耶稣基督,"接着说,"……就能,"我以为那答案应该就在这句话里啊。应当在这句话里啊,因为他接下去要讲的是别的事了。

再告诉我一次吧,他是怎样脱离的?我肯定是错过了什么。"靠着我们的主耶稣基督?"这个答案对我来说实在太过轻描淡写了。我心想:"保罗,你应该说得更清楚才是啊。这个答案对我来说实在不够啊。你应该详细讲解才对啊。"好,保罗确实这么做了,虽然只是短短的几行,而这几行的文字却被分割到第8章的开头。第7章以概括出两个律为结束,即"我以内心顺服神的律,我肉体却顺服罪的律了。

那他怎样脱离的呢?当神的启示临到我的时候,忽然间我认识到,还有第三个律。这第三个律是生命圣灵的律!

在8章1节他说到：

如今，那些在基督耶稣里的就不定罪了。因为赐生命圣灵的律，在基督耶稣里释放了你，使你脱离罪和死的律了。

原来有三个律啊！这第三个律，是一切的关键，就是在耶稣基督里的生命圣灵的律。正是这个律，打破了前面提到的其它两个律对我们的撕扯和捆绑。这个律高于并高过且全面超越摩西的律法和犯罪的律，这两个互相撕扯抵触的律。

那这第三个律是怎样运行的呢？这在基督耶稣里的生命圣灵的律在我们的生命中是怎样运作的呢？当我开始想要弄明白这个问题的时候，我以为这里说的应该是被圣灵充满吧。就是祂，神的灵，会赐给我们能力和力量去遵守神的律。我假设圣灵会使我有能力去做神要我做的事。换句话说，你没有被圣灵充满，那你就做不到，你被圣灵充满了，你就有能力去遵行十诫了。我那时就是这样相信的。可是，问题是它根本不是这回事。

我的问题变成，说方言怎么会胜过我肉体中犯罪的律呢？它怎样阻止我受诱惑呢？那些圣灵的恩赐是怎样对付罪的呢？为病痛祷告，赶鬼，甚至使人从死里复活，这些又是怎样抵挡我们内心中的诱惑呢？那些很有恩膏的讲道，用心灵和诚实的敬拜，又是怎样抵挡诱惑的呢？

第三律法

是这些东西使得保罗能够胜过罪，并得着能力遵行十诫吗？

我信主之后几个月就被圣灵充满了。这已经是四十多年前的事了，可我还是发现我在犯罪！我们经历了圣灵在我生命中许多的工作，可是我的肉体仍旧屈服于各种的诱惑。因此，一次灵恩的经历，或过着灵恩的生活，就足以能够解决犯罪的律，并完全神的律，这实在荒谬。这就是为什么甚至那些很有恩膏的领袖仍会在道德上堕落的缘故了。那种想法可见是行不通的。很显然的，我们的肉体还是非常专断，主宰着我们。一直以来都没有什么第三个律，能够在胜过诱惑和犯罪的律上显出果效来。

那这个"第三个律"究竟是什么呢？来，我们探个究竟！"因为赐生命圣灵的律，在基督耶稣里释放了我，使我脱离罪和死的律了。"这个赐生命圣灵的律是什么呢？我们一直搞不明白，直到杰克温特得着他那惊天动地的启示之后，这个启示就是天父的爱是可以感受和传递的。当我们意识到，天父的爱是可以感受和传递的时候，这就将我们带入一个更深更大的真实中，就是爱是具体的，爱是可感受的"东西"！

我们这些领受这启示的人，并且在这启示中服事的人，需要常常牢记我们所传讲的并非只是一个信息而已。我们所传讲的乃是一个启示，是爱的启示，我们感受并传递着这爱。如果我们削弱它，仅仅只是一个信息，那它也就仅仅是一个知识而已。但是，爱是具体的"东西"，它是实实在在的。

请大家明白，我在这里并非在咬文嚼字地争辩什么。天父的爱不是一个概念性的信息而已，它是实实在在的东西。

天父的爱是一个启示。它是对天父的爱浇灌在你的心里的实实在在的体验。它不只是一个理解神爱我。它是对神的爱的实实在在的领受。

圣灵的洗

当保罗在罗马书第8章写到圣灵的律的时候，他是在继续他前面提前的关于圣灵的描述。在第8章之前他只提到一次关于圣灵的事，那是在罗马书5章5节。那节经文是这样说的："盼望不至于羞耻，因为所赐给我们的圣灵将神的爱浇灌在我们心里……"当我们领受圣灵的时候，我们的关注经常会在说方言等之类的事上。当我们被圣灵充满的时候，我们就会领受能力去做属灵的事情，就好像耶稣做的那样，诸如叫死人复活、医病、说预言、赶鬼、拥有超自然的信心等等。我们已经将被圣灵充满理解成为圣灵赐给我们能力去像耶稣一样服事。

但当我看到罗马书5章5节这段经文的时候，让我想起我被圣灵充满的那一天。真实的状况是，那时我并不想成为一个基督徒。照我那时的理解，我只是想要被圣灵

第三律法

充满。他们告诉我，除非我先信主，不然我是不能被圣灵充满的。这对我来说就很成问题了，因为对我来说，要成为一个基督徒，意味着我得将我的生命交托出去，就是给那做我生命之主的人了。问题是，我真的想要保留自己的控制权。我并没那么伟大，我的生命至少还是我自己的，要将自己的生命交给别人那真可怕。因此，在我的生命降服给主耶稣的这条路上我走了很久，就是用我的余生做祂要我去做的任何事。

尽管有这样的顾虑，我那挡不住的愿望还是想要受圣灵的洗。最终，大约八个月后，我预备好自己将自己的生命交给主了。那是一个深夜，在我驾车回家的路上我做了这样的决定。第二天醒来的时候，我走到外面，蓝天绿草美极了，都是我从前不曾见过的。所有这些巨大的转变都发生在短短的时间里。从前我经常在户外生活，但此刻我站在那里感到震惊，清楚感觉到我脚下的草地，我头上的蓝天。这种令人难以置信的感受在我的心里涌动。我知道耶稣已经进入我的心里了。我清楚地知道，我们的人生从今以后将不再一样，尽管艰难的日子难以避免会来到。那对我来说是一次巨大的经历，之后我就知道接下来要做的事就是去接受圣灵的洗。

那又是另一个很长的过程。很多人多次为我祷告，使我们有信心来领受圣灵。祈求和相信是一件事，祈求并委身于你所相信的那又是完全不同的一件事。祈求神赐给你圣灵的洗是一件事，委身于那所求的却是另一件事。

一天晚上，就在我父母面前，圣灵临到我的身上。事发时，我爸非常震惊，他整个人垮在了沙发上。他的双手垂在两边，他的两腿伸得直直的，脚趾朝着天花板。他盯着自己的脚，脸上露出惊讶的神情，因为我忽然间开始说方言了，从肺里喷发出来的那种。我说得非常大声，外面街上路过的人肯定都会听到。最后我跪在地上，泪流满面。我哭得太厉害了，以致地毯都被我的泪水打湿了。我非常大声地用方言敬拜神，超自然的语言从我的口中倾倒出来。当我爸看着这一切的时候，他整个人跌倒在沙发上，惊讶到跌眼镜。

这爱从哪儿来的？

当我在说方言的时候，我扫视房间，看着我爸，发现他的嘴唇在动。他想要说什么。我走过去，将我的耳朵靠近他的口。他太震惊了，以致我看到他都不知道自己想要说话。我能听到他努力说的话。一次又一次地，我爸重复着这几个字："这爱从哪儿来的？这爱从哪儿来的？这爱从哪儿来的？"

当我走出房间，我感到很兴奋，我能够讲方言了。当时我并没有想到爱之类的东西。我并不期待爱，我也不相信爱。没有人告诉我当圣灵浇灌在你的心里的时候你经

第三律法

历了神的爱。我所有的想法就是圣灵使我能够讲方言。那时我认为受圣灵的洗会使我看起来深沉神圣。我认为受圣灵的洗就是使我充满能力。我从未将圣灵的洗跟神的爱联系在一起。

当保罗给罗马人写信的时候，他试图给那些他从未见过的人一份完整的福音大纲。在前八章中，他覆盖了救赎历史的广阔领域——亚当、洪水、亚伯拉罕、以色列、悔改、在水中受洗等等。他在这前八章提到圣灵的唯一地方是在第5章5节：当你们被圣灵充满，神的爱就会浇灌在你们心里（这是保罗在罗马书中说的）。他没提到讲方言，没有提到其它超自然的恩赐。他说神的爱浇灌到你的心里。我们可能得到的其它任何东西都是由于圣灵的浇灌而充满我们的爱的结果。

现在，在同一封信中，三章之后，他正在谈论圣灵的"律"。他把这两件事联系在一起。圣灵充满的主要结果是神的爱浇灌在人心里，这就是他在罗马书第8章中的意思。圣灵的律不是别的什么，乃是神的爱浇灌在你的心里。什么会使你从罪和死亡的律中解脱出来呢，那就是天父的爱浇灌到你的心里。当祂的爱浇灌到你的心里时，那将使你从那些总想犯罪的肉体力量中解脱出来。

当我们看摩西的律法时，我们是仰望神，看祂的品格是什么样子。但是让我问你这个问题，神自己守十诫是透过祂自己下决心来达成的吗？难道祂每天早晨起来还要做决定不犯罪吗? 不! 祂自动遵守十诫。

你看,十诫是用来描述神的本性和祂的个性的。神不会通过坚持任何一种要求或原则来遵守法律。这些戒律是为了帮助堕落的人类,他们已经完全失去了神的形象。加拉太书3章24节说,律法是我们训蒙的师傅,引我们到基督那里。你不应该去守律法,你应该看着它,并且意识到你不可能持守它。当你看着它时,你会哭喊出:"我的神啊,请帮助我!"

律法告诉你,你做不到。它带来破碎和谦卑。因为知道自己犯了罪,犯了律法,便叫人悔改,呼求神的饶恕。这就是神赐下律法的全部意义。当我们看律法的时候,我们看到的是神性情的描述。我们最大的误会就是我们想要尽力遵守律法。

但让我说得更清楚些: 神浇灌祂的灵在我们身上,乃是把祂爱的内容倾注在我们身上。祂的爱就是祂的人格和性情。神是爱。祂性格的其它方面都是爱的产物。神是善良的, 神是仁慈的, 祂是忍耐的, 祂是有怜悯的, 祂是那赐福的神。我们读到的关于祂的一切都是爱的表达,因为神就是爱。祂本来就具有所有的这些品质。祂是爱。爱是神的人格和性情。

在新约里,祂不但没有给我们一条诫命,反而把祂的人格和性情放到我们里面。问题是,即使我们不知道律

第三律法

法说了什么，当祂的爱倾注到我们的心，我们仍然会遵行它！祂在写下律法之前很早就遵守了法律！这是祂人格的一部分。借着圣灵，祂把祂的本性，祂的人格倾注在我们里面了！彼得晓得这个真理，他在彼得后书1章4节说：

"因此，他已将又宝贵又极大的应许赐给我们，叫我们既脱离世上从情欲来的败坏，就得与神的性情有份。"

这就是保罗所说的圣灵的律，为此他呼喊说："感谢神，靠着我们的主耶稣基督就能脱离了。"这就是为何在基督耶稣里的人会不被定罪。"随从圣灵"，就是每天都被神的爱充满。当保罗在罗马书5章18节中劝告信徒要被圣灵充满的时候，原来的希腊文给人的感觉就是不断被充满。它读起来应该是这样："被充满并保持被圣灵充满。"换句话说，就是不断接受神对你的爱！不断让祂爱你。继续在你的心中经历天父爱的浇灌。每天每分钟都要生活在神的爱中。

祂爱的实质就是祂的人格。神的律法不会被废去，它仍是正确的。但当我们充满了神自己的个性——祂是爱——的时候，我们就会超越律法，远超遵守律法，因为律法完全是靠着爱得到成全的。律法必不废去，但神已经将我们从律法上的义提升至从神自己的心和性情上的义上来了。

我终于明白了这一点——单单知道神爱你，这不会拯救你。知道神爱着你，这并不能把你从你肉体的本性的捆绑中拯救出来。只有爱本身，即爱的实质，倾注到你的心里的时候，才会把你提升到那律法之上。从神自己爱的本性看，祂好像制定了一个自己的行为法则，就是爱自动产生的行为法则。当你被这同样的爱充满的时候，你会自然而然地表现得像祂一样！以西结书36章27节说："我必将我的灵放在你们里面，使你们顺从我的律例，谨守遵行我的典章。"当你被神的爱充满的时候，你就会自动地爱你身边的人。当你被神的爱充满时，就不可能撒谎、偷窃、或谋杀。你会尊敬你的父母。当你被神的爱充满时，你将无法抗拒地尽心、尽意、尽性、尽力去爱神。你就会活得像神一样。

爱不会犯罪

好好看看以下的例子，都是保罗所写的。他所写这些话语本身就会向你发出声音。首先，在加拉太书5章14节：

"因为全律法都包在"爱人如己"这一句话之内了。"

再看罗马书13章8～10节：

凡事都不可亏欠人，惟有彼此相爱要常以为亏欠，因为爱人的就完全了律法。像那不可奸淫，不可杀人，不可偷盗，不可贪婪，或有别的诫命，都包在爱人如己这一句话之内了。爱是不加害与人的，所以爱就完全了律法。

第三律法

这不是很好吗？但这不是谈论人类的爱，这不是出于我们自己的理解和能力而善待他人的爱。这是被神的爱充满，并以神的爱去爱人。这就是为什么被天父爱的实质所充满是如此重要。神爱的真实倾注在你的心中，将把你从罪中拯救出来——因为爱不会犯罪！

神是爱，神不会犯罪。人类的爱会犯罪，因为人类的爱是极其自我中心的。然而，神的爱不会犯罪。神浇灌在你心中的爱的实质，将改变你的个性，使你成为神自己的个性。这是圣灵的法则！这个法则将基督信仰归结为两个简单的东西——被耶稣的血洗净，和被神的爱充满。就是这么简单！当我们被神的爱充满时，我们就不会犯罪，就像神不会犯罪一样。当我们把基督信仰简化成做对与做错的问题时，我们已经完全偏离了它的重点。

我觉得我已经发现了福音是什么。在过去的十六年左右的旅行服事中，我看到了很多当代基督教会对福音的各种表达。我出行四十次，走遍世界各地，我的结论是，照着我们所看到的，基督信仰的主要焦点是那分辨善恶的树。而神所要的真正的基督信仰，乃是生命树，是被神自己的本性和个性喂养的生命。

如果你读到这一点，你认为我是说，你真的需要相信神爱你，那你还没抓到要点。如果你认为"我必须知道神爱我"，那你就错了。你必须经历祂对你的爱，因为当那爱的实质浇灌到你的心里时，你就自由了。

古道再探

多年来，我只能看到两种不同的律：神的律，那是善而真实的，和我肉体中犯罪的律。我和保罗一样，被这两条律的斗争所困。多年来，我没有看到第三个律——在基督耶稣里赐生命圣灵的律。现在我已经发现了第三个律，我觉得我终于明白了渴望被圣灵充满的意义了。

当我第一次见到杰克·温特的时候，他告诉我，领受天父的爱是一个个人生命的真实，我的反应是，"基督信仰不是关于爱的，基督信仰是关乎能力，以及一切与能力相关的事。"我觉得杰克搞错了，他过分强调了领受天父之爱的重要性。但神很清楚地告诉我要成为杰克的"约书亚"。而我确信那是主要我成为这样的人，所以我放下了我对基督徒生命的许多看法，去做杰克·温特的"约书亚"。我总是对爱这个概念感到困惑。基督信仰，对我来说，就是一切，除了爱。

最后，做基督徒做了四十年，经历了许多事奉之后，我转了一整圈，回到了圣灵的洗这件事上。圣灵的洗或圣灵的充满，就是天父的爱，浇灌到了我们的心里。我们期待着神的灵有一天将浇灌普世的教会。这将在所有信徒的心中彰显出祂的爱的实质。

这就是福音。好消息不是你必须这样做，好消息是神为你做。当天父的爱充满你的心，你甚至不会想到去论断别人。你不会对你身边的人存消极的看法。圣经在彼得前书4章8节这样说："爱能遮掩许多的罪"。换句话

第三律法

说，爱看对方是神所的创造。神以绝对的爱看待你，而爱不会犯罪。

现在，所有这些的诀窍就是——被天父的爱的实质充满。在天父之心的事工里，通向这一目标的大门就是我们的A学校。这些学校的目标是为人们打开一扇大门，让他们体验到父神的爱。它最终达到的结果，就是我们所相信的，即福音被成全在个人的生命里。我们相信福音要在每一个信徒的心中活生生地呈现出来。我们始终相信，神的本性会在你我身上活出来，除此之外，别无其它。如果这超出了你的想象或者你无法理解，就等着吧。天父的爱必充满全世界基督徒的心，神的儿女们必出去，到世界各国去。他们将充满天父的本质，转变基督信仰，并带来这个世代的终结。

我想用剩下的章节来探讨因这观点的改变所蕴藏着的启示。我可以向你保证，当你开始体验到天父的爱的时候，当你心中的眼睛再次打开的时候，当你开始从生命树上得到喂养的时候，在你的日常生活中你会看见不同。生命之圣灵的果子将会从你里面彰显出来，也会在你的周遭彰显出来。领受了天父的爱，基督信仰会为你服务，并在你的生命里结果子，那方式会令你惊讶万分的。

第二篇

4

从孤儿心态的基督教向做神儿女的基督教的转变

∽

　　你得着的启示越多，你的固有的观念就被改变得越多。当我们越来越频繁地生活在神爱我们的持续体验中，并从生命树上获得食物的时候，我们的眼睛就开始打开，看到福音的真实。基督教的全部目的，基本上归结为：耶稣死在十字架上，是为了除去所有拦阻，使我们活出与天父亲密的生命。基督教的意义在于，我们可以经历耶稣在约翰福音17章中所说的永生："……要认识你，你是你所差来的独一真神和耶稣基督。"许多人认为永生是线性的时间上的事情，它将永远持续下去。然而，永生是一种存在的实质。它是一种实实在在的东西，是使神在你的生命中活着的东西。

从孤儿心态的基督教向做神儿女的基督教的转变

我们对圣经中提到的一些伟大真理的理解还非常有限。我们已经把圣灵降格为我们自己的灵恩现象的体验。我们如此禁锢于旧的思维框架中,以至于当我们听到"神的灵"这个词时,我们无法走出我们自己的小天地,即神是谁以及神所做的事情。而真理是:圣灵就是神自己的本质和人格!

有时我们需要不同的术语来唤醒我们去真正认识圣灵。想象一下,你接受了一棵橡树的灵,那是什么感觉?首先,拥有一棵高大橡树的灵,意味着持久地伫立,可能是几千年。想象一下,站在那里几个世纪,一季复一季,落叶,结实……这就是接受橡树的灵的感觉。或者想象你得到一个伟大作曲家的灵。比如说,莫扎特的一些灵就在你的内心,于是你会以不同的方式行动。请花点时间想象一下会是什么样子的。你不必刻意采取什么不同的行动。一棵树结果子这是很自然的事。橡树自然结出橡子,莫扎特很自然地作曲。当我们将另一个人的灵放入我们的内心时,我们会发现我们会自然地开始像那个人那样去感觉和行为。

一个人的灵是他人格的本质。现在想象一下,如果你可以,当神的灵注入你里面的时候,会是什么样子。如果神的灵,即圣灵,被放入你里面,这意味着神的本性和人格正在被传授到你生命里,你不只是能说方言、赶鬼或说预言的能力。神的灵住在你里面的时候,远不止于此。你可能会看到白色的羽毛从天花板上飘落下来，或者手上沾着金粉，就像现在有些人正在经历的那样。但是让我清楚告诉你，那不是神的灵的本质。那可能是证据，但不是本质。神的灵的本质是神自己的本性和人格。这是祂的本质。因此，当我们谈论从生命树中吸取营养时，我们谈论的是被神的灵充满。圣灵也称为"生命的灵"（罗马书8章2节）。这是什么养的生命呢？就是神的生命。神的本性和神的生命的灵。当神的灵进入你里面的时候，它把神的本性带到你里面。当神的灵进入你里面时，首先发生的事，就是爱来了。因为神的本性是爱，祂想把爱传授给你，所以现在可以得到爱了。当爱的本性注入到我们的生命里的时候，爱所产生的果实也就成了我们的个性。

使徒保罗明白这一点。他在罗马书5章5节中谈到了圣灵，他说圣灵的主要作用是"将神的爱浇灌在我们心里"，这是罗马书在第8章之前唯一提到圣灵的地方。神的爱在我们心中充满，是圣灵内住在我们生命里的直接结果。我刚刚开始领会到这种关联。当我刚刚成为基督徒的时候，我被告知圣灵全都是关乎能力的事情。现在我明白了，圣灵全都是关乎爱。当我们谈论生命树时，我们谈论的是以神为食，以神所表达的、将神的本性浇灌入我们的心和我们的生命。我们开始体验这种爱。我们开始扎根建基于神的爱中，就是向我们的内心浇灌进来的爱。当这种情况发生时，它正在改变我们对基督教的一切体验。

从孤儿心态的基督教向做神儿女的基督教的转变

我们已经了解到的那些根深蒂固的思维框架之一就是"孤儿的灵"，在我的《儿子的心》一书中就这一点写了整整一章。简而言之，当亚当和夏娃被赶出伊甸园时，他们成为无父的人。于是，从他们而出的后代，即整个人类都与父神断绝了关系，都成了无父的人。人类被孤儿的灵染上了。这仍是我们今天人类的基本状态。人类心灵的倾向是孤立的。不管你的父母是不好的、平庸的，还是完美无缺的，在这一点上都是没有区别的。毫无疑问，父母对子女的养育对每个人的健康都有重大影响。但我说的是一个比这更深刻的现实。我说的是整个人类层面上的问题。即使是那些与父母有着美好而充满爱的关系的人，但从他们真正的父亲，即天父那里来说，他们仍是孤儿。全世界运行的体系是一个孤儿的体系。世界上的每一种文化和制度，基本上都是由孤儿的恐惧、贪婪、不安全、自我保护所驱动的。

这孤儿的状态也感染了教会生活。事实是，你可以重生，但这不会带走你的孤儿的灵。你可以受洗，被圣灵充满，甚至在服事上满有恩膏，但仍有一颗孤儿的心。你无法将孤儿的灵从人的心里赶出去。孤儿的灵不是恶魔，它是人类心灵的基本状态。这就是那在悖逆之子心中运行的灵（以弗书2:2）。这种孤儿的灵深深植根于我们的内心，以至于当我们成为基督徒时，我们开始发展出一种孤儿一样的基督教风格。

古道再探

对于孤儿心态的基督教来说，唯一的解决办法就是去经历神的父爱和母爱。与爱我们的天父的亲密关系将粉碎我们孤儿心态的基督教。当你进入这段天父的爱的经历中时，你将看到你的生命开始发生变化。有些变化可能是戏剧性的，有些可能是更微妙的，但你将开始体验到你内心的价值观和动机的转变。通常这会让你惊讶。你搞不清楚为什么你的一些根深蒂固的价值观和原则正在改变。作为一个虔诚的基督徒，一些事你已经做了多年，可你将开始失去动力。你可能会想，"我怎么了？我对自己多年来养成的各种自律行为失去了兴趣。我不再有以前那样的动力了。"

当天父的爱感动你时，你会觉得祂对你完全悦纳。你不必再做一个刻意讨人喜欢的人了。许多人精疲力竭，是因为他们感到自己是被迫不断地去服事的，但当他们领受了天父无条件的爱的时候，他们就自由了。这通常会导致他们所参与的教会出现一个问题。我访问过不少教会，宣讲天父的爱。人们真的抓住了这个真理，开始像儿子一样生活。接着，我收到了他们牧师们的抱怨，说他们的会众不愿意再服事了。我去过一个教会服事，大约去了三次，然后在接下来的三年里，我再也没有收到那教会牧师的音讯了。有一天，在一次会议上吃饭的时候，我发现自己和他坐在同一张桌子上，他告诉我为什么没有请我再来。"我没有邀请你再来的原因，"他说，"……是因为，上次你离开的时候，我们的许多志愿工作者来找我

从孤儿心态的基督教向做神儿女的基督教的转变

们,说他们不想再服事了,在我看来,你们的事工服事的效果之一就是使人们变懒惰了。"

我觉得这很有趣,于是回答说:"看看我所教的,看看我所做的,因为我所教的是到一个安息的地方来,这是当你体验到天父对你的爱时开始发生的诸多事情中的一件罢了。"在天父的爱中休息成了一个很高的优先事项,那种拼命服事的现象开始消失。你再也不想让那种拼命服事变成你生活的一部分,我这么说,是因为那确实发生在我的身上。对我来说,那种拼命服事的生活已经过去了,然而,我却是我认识的人中最忙的一个巡回讲员,我认识的其他巡回讲员都说:"詹姆士,即便是读你的巡回日程表也会让我筋疲力尽啊!"所以,这不是懒惰的事情,而是关于进入神的安息。事实上,整个服事的效果更是提高了。

然后我问那牧师,"为什么志愿者不干了呢?"他回答说,"他们不想再做那事了,"我反驳说,"你为什么让他们做他们不想做的事呢?"他非常生气,因为基督教中的很多事情都会强加一种义务感,那就是你必须在教会里做些事情。我们觉得有责任去保持教会机制运转。我不相信神会期待你为祂做一件不是你真心爱祂而做的事。我相信祂期待我们出于爱而服事,而我们所做的就是用我们的方式来表达我们对祂的爱。如果有人因为觉得自己是你的家人,应该为你做点什么,于是为你做了点什么，那也许不错，但那并不是你真正想要的。你期待的是他们是出于对你的爱而做。你盼望你的女儿帮你吸尘是因为她爱你。你盼望你儿子洗碗是因为他爱你。我相信这就是神的国度。我们在教会中所作的许多事，不是出于爱，而是为了事奉需要的，为神做事，为了叫我们自己有事可做罢了。

有人说，繁忙的教会是快乐的教会。好吧，我可以告诉你这究竟是怎么回事。繁忙的教会确实是一个快乐的教会，但仅一时而已！然而，那一天总会到来的（照我的经验），经历十五到十八年的这样的忙碌服事后，有人开始评估他们的生命并认为，"我做了很多实际上我并不想做的事。"于是，他们好像被困在跑步机上一样，无法下车，现在突然意识到这并不是他们真心想做的事。但是，如果一个自由的人真的有一颗做某件事的心，他们很可能会投入余生做这事，他们的生命会得到扩展，并结出持久的果实。天父的爱带来心灵的自由。通常，当一个人在为牧师的愿景付出许多年的忙碌之后，发现他们这样做纯粹是出于责任感、义务感，甚至（在某些情况下）是出于一些看似非常属灵的原则的操控，他们就离开了教会。

我现在想列出一些变化，就是当天父的爱充满你的时候，在你的生命中会发生的一些重大的变化。当你的心开始以儿子或女儿的身份与神同行的时候，这些转变将

从孤儿心态的基督教向做神儿女的基督教的转变

开始发生在你身上,你将意识到"这真的是发生在我身上的事啊!"

从奴仆的服从到儿子的和谐

很明显,这些变化之一就是我们看神的方式,我们真的看神是我们的天父。对我们大多数人来说,我们对基督教唯一的体验就是孤儿心态的基督教。这意味着一个没有经历到天父的爱的基督教。这种基督教与耶稣有着非常真实的关系,耶稣是主,是王,是良人。当然,这些关系可能非常的牢靠,但只有天父能拿走我们心中孤儿的灵,兄弟不能。兄弟只意味着我们一同做孤儿罢了,但这是天父的启示,祂拿走那孤儿的灵。

有时人们会对我说:"我真的了解天父,我见过并体验过天父",但我只是看着他们的眼睛,我可以说他们真的只是对天父有着神学知识罢了。著名的圣经老师德里克·普林斯讲述了他如何传讲天父的道,他相信他与天父有着美好的关系,是因为他明白圣经。然而,在他晚年,他开始意识到,与天父之间存在着一种体验式的关系,他尚未进入这关系中。这种与天父体验式的关系能拿走我们心中孤儿的灵。这种关系将开始带给你一个对基督教的全新的体验。

一般来说,父神对我们来说是一个遥远的存在。我们在救恩上有关于耶稣的启示,在圣灵的洗礼上有关于圣灵的启示。这是我们的基督教所基于的两条腿的凳子。但若不将天父启示在你们的心里，天父仍旧是一个未知数。对我们来说，祂是一个遥远的存在，我们也这样遥远地对待祂。严酷的事实是，除非你有了天父的经历，否则你不可能真正摆脱仆人式的基督教。这种体验式的关系把你从一个仆人变成了一个儿子。

在接受天父这一心灵的启示之前，我们看天父就好像看一个主人、军官、法官一样。这导致我们的基督教信仰专注于服从命令，就是聆听神的声音和遵行祂所说的一切这两样干巴巴的东西。耶稣是我们要去建立关系的那一位，而我们对天父仍然一无所知。我们对祂仅仅是概念性的了解。若下功夫学习的话，我们甚至可以听到天父的声音，但祂还是被看作像军官一样，我们总觉得自己必须服从祂，这样的认知使得我们与天父的关系变得遥不可及。我们整个的灵命只专注于听取神的命令，然后努力服从。这样，服从神成为孤儿心态的基督教的核心话题！

然而，当我们体验神像体验父亲一样的时候，事情就有了些微妙的改变。我们不再专注顺从这个东西了，而是专注于与天父的和谐相处。你不可能与一个你不认识的人和谐相处，但当你认识他时，你就有了转变。对你来说，聆听祂向你发出的命令已经不再那么重要了，重要的是祂满足于你，你满足于祂的爱。对祂的那种害怕和责任

从孤儿心态的基督教向做神儿女的基督教的转变

烟消云散了。我们开始从服从祂的命令而行事这种强烈的支配感中松绑出来，进入到因爱而欢喜活出祂的心意里去了。懂得祂的心，乐于做祂的事。我们成为一个与天父和睦相处的儿子。

请允许我做一个会让你震惊的声明！对基督徒来说，顺服并非我们真正要在意的东西。这可能会让你震惊，但事实是，神真的不希望你一生都在顺服中度过。我为什么这么说呢？

服从不是绝对的，服从只是相对的。只有当你不想做别人告诉你或要求你做的事时，服从才有意义。当有人告诉你做一些你不想做的事时，顺服才会发生。如果我对你说"我要你在自己的头顶上站一个小时"，而你不喜欢这样做，但如果你还是做了，那就是服从。这完全是顺服，因为你一点都没有将你的心放在其中。你这样做只是出于顺从罢了。但是，如果我对你说，"去商店，给你自己买一个冰淇淋吃吧！"那完全是另一回事了。根本不需要服从。谁都想去买一个冰淇淋吃啊。顺服只有在你不想做被要求去做的事情的时候才有它的位置。

当我们刚刚信主的时候，照着神所要我们成为的样子，我们对自己的生命做了许多的修剪。我们如此沉迷于世界的生活风格，当面对神对我们生活的要求时，我们的直接想法就是："哦，我从来没有考虑过这一点。对我来说，这意味着我必须停止那样做。好吧，我有一个选择，为了顺服，我会这样做的。"但是随着时间的推移，我们开始与天父交往，结果天父的心成为了我们的心，我们不再因为顺服而去做祂想要我们做的事，我们开始这样做是因为我们喜欢这样做！我做事不是出于服从，而是因为我喜欢它

祂正引导我们，使我们乐意做祂要我们做的事。耶稣曾说："我有食物吃，是你们不知道的。我的食物就是遵行差我来者的旨意，做成他的工。"（约翰福音 4:31-34 和合本）。遵行祂父亲的旨意，是耶稣的喜乐。祂这样做就好像吃饭使身体强壮一样。只要我们里面还有一些孤儿的灵或堕落的思想，顺服仍是对我们的挑战。我们有些人不愿意在某些方面做神所吩咐我们做的事，尤其当我们去打碎罪和肉体捆绑的时候。顺服有它的价值，但神最终想要的并不是我们会永远顺服，也不是我们一生能顺服，神想要的是我们的心改变了，变得像祂的心一样。现在我真的喜欢做祂喜欢做的事，这是我与祂和谐相处，而不是服从祂。

那种讨天父的喜悦的心意只能来自儿子，因为只有儿子才能像他们的父亲。当我们活出儿子的生命来的时候，我们的内心开始发生变化，生活不再是关于服从的问题，乃是一个与天父和谐相处的问题。

我没有想到怎样安排祷告的时间，取而代之的是，我发现自己的心一直在和祂交流着。当我还是一个年轻的

从孤儿心态的基督教向做神儿女的基督教的转变

基督徒时,有人对我说:"既然你是基督徒了,你必须每天都有一个灵修的时间。"关于这个劝告的可悲之处是,在那之前,我几乎已经整天都在祷告了。所以,当那个人告诉我必须每天留出特定的时间来祷告时,那天早上我就会对自己说,"哦,我还没有祷告呢!"我开始关注祷告的具体纪律,反倒失去了那已经在我心中的祷告的心。那些给我造成类似问题的人,是那些说约翰·卫斯理每天早上五点就开始每天的第一次讲道的人,所以我们应该像他那样早起祷告。可他们不知道的是,约翰·卫斯理每晚八点就睡了!这些人真的把我初信的喜乐和自由给夺走了,又硬硬塞给我一个僵死的系统。

当你开始在儿子这身量上成长起来的时候,重点就不是每天有一个灵修的时间,一个系统的祷告的时间,取而代之的,你会生发出一颗祷告的心。事实上,神不在意你祷告的次数少。如果祂在意你的灵修时间,如果这是灵命的终极衡量,那真的是完全做不到的,因为圣经这样说:"不住地祷告。"而这一劝勉的意思不是在谈祷告的次数,它是在强调一颗常常活在神面前的心,是在强调一颗时刻专注于神的心,一颗在接连不断祷告的心。当你越认识天父时,你会发现自己越思考揣摩天父,然后你的心就开始钦慕天父。你就正在孕育一颗祷告的心了。有一个妇人对我说:"我发现自己不想遵守灵修时间表了,我觉得那实在太沉闷了,我不再像从前那样遵守纪律了。"她对此很担心,我对她的回答是:"也许你正在摆脱法律的辖制。"是的，她正从一个灵修体系中解脱出来，于是，她的心就会一直保持与神的心同步和谐。

当我开始感受天父对我的爱的时候，我发现了神的一些特别之处，那就是，神喜欢与我们建立一种完全独特的关系，就是根据我们每个人的个性而有的关系。祂喜欢照着你自己的个性与你交往。但在孤儿心态的基督教的认识中，总是有一种压力，那就是我们与神的关系好像都是同一种款式，就像教会里的一些大领袖或以往的信心英雄那样的款式，他们认为这才是与神关系的唯一的样式。于是，许多年轻人开始去学习，试图达到别人那种灵性的模式。我发现神是以我独特的样式跟我建立关系，我是新西兰山里的猎人，我不像有些人那样健谈。我们在山里度过一整天，也可以不说一句话，只要扬一下眉，或者交换一个眼神，就彼此明白了。神要跟你建立的关系深到你个性的末梢细节。我在神面前得享安慰，渐渐成长，祂就照我的本相与我说话。

在这世上，撒但才是非法入侵者，不是我们！

孤儿心态的基督信仰与神儿子的生命之间还存在着另一个有趣的不同，那就是很多人这样认为，这个世界和我们基督徒有这样一个敌人，这敌人才是我们的大问题，所以，我们需要时刻警惕。他们的想法是这样的，"我们生活在一个敌对的环境里，我们需要去打胜战，有一场争战需要我们去打，我们需要战胜撒但。我们要将

从孤儿心态的基督教向做神儿女的基督教的转变

撒但踢出去,我们正面临一场争战。我们是军队里的士兵,我们前面就是一场争战,我们正卷入一场非常严峻的战斗中!"

很多人持有这种观点,于是,我们花了大量的时间去学习关于属灵争战的事。相关的专注在属灵争战上的教导和资源非常多。可我们忘了一件事,那就是属灵争战已经结束了!我们不仅仅是得胜者,我们远超过得胜者。我们不是活在争战的战场上,我们实在是活在天父的爱里。在神眼中,撒但才是那非法入侵者,不是我们!非法入侵者的意思是,进到一个你没有权力进入的地方。事实是,我们拥有全部的权力活在这个地球上。这个世界属于我们的天父,是我们的家。

在一次旅行服事中,我跟一个牧师交谈,他问我是否到过阿姆斯特丹。我说:"是,我到过阿姆斯特丹。"他说:"啊,我讨厌那个地方!那真是一个罪恶的城市,是世界上最邪恶的地方!"他继续说:"不管我是飞抵阿姆斯特丹,还是经停这个城市,我都想快快逃离那地方!这座城市满了罪恶!"于是我沉思起来,我到阿姆斯特丹有不少次了,我挺喜欢这个城市啊。蒂妮诗跟我曾经逛过这个城市的大街小巷,乘船在运河上游玩。于是我问这位牧师他说他讨厌这座城市到底是什么意思。他回答说;"路上有很多吸毒的,店里销售毒品,窗口里面都是妓女,满了罪恶,一些店铺满了魔鬼!"我自忖,我是不是太不敏感了，我也走进过很多的商店，可我从来没有看见魔鬼啊！

后来有一次我又去了阿姆斯特丹，我就想起这位牧师的看法，于是我小心地察看他所说的那些现象。不一会儿，我看见一个男人，坐在路边。我头脑里一点都没有去想他会不会是一个吸毒成瘾者。我也走进一些商店，看到架子上有些商品，是我之前不曾注意到，不曾想到的东西，那些东西看起来有些古怪，然后我才知道，你可以从这些店里买到大麻。我并非懵懂无知。我知道在一些地方，窗户里有妓女，可我没有投以任何的关注。我知道，我活着的根据是，"在我里面的神，比在这世上的撒但更大。"

我们不需要害怕仇敌。我们所要做的就是紧紧地与神同行，只要我们贴近神，祂就会为我们摆平那些东西。然而，如果你相信只有你可以战胜魔鬼的话，那你会遇到一些有趣的挣扎，因为你一有疑惑，你就赋予它们力量了。而当你能够相信那争战已经得胜了，靠着那爱你的神，你已经远超过所谓的得胜者了，于是，你就拥有了一个得胜者的自由。不管你去到哪里，你是行走在凯旋的队伍里，带着得胜者的姿态，就是主在你心中的那种姿态。约翰一书4:17："……因为他如何，我们在这世上也如何。"撒但不是我们的仇敌，我们才是它的仇敌！

我记得有一次有人告诉我："如果你感到魔鬼在攻击

从孤儿心态的基督教向做神儿女的基督教的转变

你,那是因为你的义实实在在令它难受,于是它就反弹。"撒但不是发起者,而是在你里面基督的义令它难受,它才反弹。一只落网的野兽看起来非常勇猛,那是因为它想防卫,反弹求生。撒但看起来就是这样的。而我们这儿子的姿态说明一件事,那就是这世界是我们天父的世界。我们本当在这里,而非撒但!

几年前,我在波兰的一个小教会里讲道。这是我第一次来到波兰这个国家,我应邀在一个近百人的教会中讲道。该教会的牧师是一个姐妹,这在波兰是有点不寻常的。因为波兰是一个非常传统的天主教国家,教会带领人向来都是男性。这位牧师正在忙碌着一些事务,于是我只好独自站在一边等候聚会开始。不一会儿,我看到人群中有一个妇人径直向我走来。像所有的人一样,她身穿一件厚重的外套,因为那房间里没有取暖器。她扛着肩,从人群中向我走来,眼睛盯着我。我看着她,心想接下来究竟会发生什么,她径直靠近我,一拳打在我的肩膀上,喊道:"我讨厌你!"我不得不说,这实在太有意思了。我想她说的讨厌的人,不应该是我啊,因为我们都还只是陌生人,都还没有认识,何况我这人还是挺可爱的!所以我想她说的讨厌肯定指的是别的什么。于是我对她说:"为什么?怎么回事?"她说:"这是我的教会,我一辈子都待在这里,而你才到这里五分钟而已,比起我来,好像这里更像你的家一样。"原来她生气了。

我一时不知如何回答她，但我对她说："是啊，这是我天父的家啊。"事实是，波兰是我天父的国家。波兰属于祂，实际上，每一个国家都属于我的天父。千万不要被爱国精神冲昏头脑了。史上最强大的国家，在永恒里也只是一粒尘埃罢了。我们都是神国里的一份子，但这世界是属于我们的天父的。过去，我一直在寻找哪个地方最适合我居住。现在我适合居住在任何地方了，因为任何地方都属于我的天父，任何地方对我来说都是家。这是我们天父的世界。撒但才不属于这世界。

史密斯·威格尔斯沃思是上个世纪最伟大的人物之一。神使用他行各样的神迹奇事，他跟主耶稣的关系非常亲密。有一天晚上，他醒来，发现撒但正站在他的床尾。不是恶魔，而是撒但自己！我想在那个年代，一个人处于他的地位，撒但肯定是直盯着他的。他醒来，看了看，发现撒但。他做了什么呢？他说："哦，是你罢了！"然后他转身回到床上继续睡觉去了，撂下撒但。他不觉得需要斥责撒但，或者踢它出去什么的。他只是说："是你罢了！"击败他人的最强有力的方式就是忽略他们。

我们站在基督在十字架上为我们所赢得的胜利里。如果我们相信我们是持续不断地被耶稣的宝血所遮盖，那就不需要一直宣告我们是被耶稣的宝血遮盖的！我们所要做的就是相信，并活出来！如果你需要不断宣告，那只能说明你一直怀疑。我们的信心就是得胜，叫我们胜过

从孤儿心态的基督教向做神儿女的基督教的转变

世界的就是我们的信心。但是,如果我们的信心是相信我们是在争战当中,那你就会陷入争战中。可见,这全在乎我们的信心(相信的是什么)。孤儿心态的人常常会被诸如此类的事物缠住。但是,当你开始触摸到天父的大能时,仇敌的权势就开始削弱了。

我们认识一个女士,她是一个代祷者,她参与属灵争战已有多年了。后来她经历了天父的爱,随后的日子她对自己开始渐渐担心起来。她对我们说:"我不再像在遇到天父之前那样去关心代祷的事了。"让我澄清一下,我不是反对代祷,不是反对属灵争战。我们也有很多为我们的事工祷告的代祷者。我说的是一个要点。这位女士说,她对属灵争战失去了兴趣,就像她一直在做的那样。她说,"我是不是失去了服事的热情。"我对她说,"我觉得可能你的信心正在成长中。可能你在自己是神的女儿这件事上有了更深的理解。"代祷者所要做的就是简单地站着。撒迦利亚书3章1至5节中大祭司约书亚就是这么做的。撒但站在他的旁边控告他,而约书亚只是站在那里,耶和华责备撒但。让我告诉你,如果你与天父同在,你会发现撒但已经被责备了。

脱离律法和原则的辖制,行走的圣灵里

当我们来认识天父的时候,还有一件事开始改变了。在孤儿心态的基督信仰里,有件事很特别,那就是我们喜欢律法。因为我们不会被爱引导,于是我们就想用别的方式来引导我们。我们想要找到一个公式，来过我们基督徒的日子。今天市面上有许多的书，每一章结尾的地方都会列出一些步骤或行动，让你读完后去遵行。从前只要我能够弄到的任何一本基督徒的书，我都会读，现在我无法读完圣经。圣经里面有太多的启示等着我们去领受了，但阅读别的书也没问题。

在我们的基督信仰中，一直以来被强调的，是行走在神的原则里。我记得我们刚刚信主的时候所在的那个小教会。那时候，圣灵在这教会里做着奇妙的工作。每次主日崇拜一开始，教会的一个领袖就会邀请圣灵来，然后他就坐下。圣灵做工之前我们不需要做任何的事情。圣灵的同在是如此的强烈，如果你站起来做一件不在圣灵中的事，你的双膝就会颤抖，你的声音也会颤抖，最后你会倒在地上。圣灵的同在非常强烈，非常明显。有一天，我记得非常清楚，有个人站起来，开始讲道，他讲的是关于行走在神的原则里。当我听着的时候，我意识到我心中的圣灵的感动停止了。你看，确实存在各种的神的原则，但我们不是行走在神的原则里。我们是根据这些原则来行走，但不是靠着这些原则行走，也不是在这些原则里面行走。

我们在圣灵里行走，圣灵常常在主的道上引导我们。圣灵绝不会在主的道路之外引导我们。让我在这点上做个说明，你照着圣经告诉你的对的事去做，这并不自动的

从孤儿心态的基督教向做神儿女的基督教的转变

意味着你就是行走在圣灵里。就好像算数原理，1+1=2，但2并不都是1+1得来的。你可以通过数不完的数的运算来得到2，但1+1除了得到2，绝对不会得到别的结果。在圣灵里行走肯定会照着神的道来引导你，但顺服神的道并不等于你就行走在圣灵里。理解这一点非常重要。在我们的孤儿的心态中，我们总想要一些行为的规则和方法。做这个，不做那个！在我们的孤儿心态里，我们对那没有具体和明确的行为界限的事感到害怕。我们就想知道我们能做什么，我们不能做什么。

孤儿心态的基督信仰常常关心界限的问题，我可以做什么，我不可以做什么。然而，实际上神不想要我们这么做啊。祂要我们自由。当我们来认识天父的爱的时候，当天父的爱真真实实地在我们心中生长的时候，我们发现我们可以靠着爱来行走，这样做是没有律法禁止的。如果你行走在爱里，你就不需要任何的条条框框了。为什么呢？因为如果你去爱，你就成就了律法。神的规律是这样的，祂将自己的爱放在你的心里，以致我们可以持续不断被那爱引导。神是灵，祂在爱中行走，这两件事是相同的，对我们来说也是一样的。藉着圣灵充满我们的神的爱，也会引导我们在爱中行走。

哥林多前书14章1节说："你们要追求爱。"（让爱成为你的伟大的目标）当我们行走在爱的规律里的时候，那种为持守神的原则所付出的努力就变得可怜且愚蠢，有时候显然是愚蠢透顶了！我为这世界上任何一个人听到我这么说而感到开心！神呼召我们像耶稣那样行走，我们这样做就满足了神的律法。如果我们行走在爱里，我就不会偷窃你。首先不是因为偷窃是错的，也不是因为我害怕偷窃的结果。之所以我不偷窃你的东西是因为我爱你。这才是守法的动机，不是因为那是神的律法，也不是因为那是对的事！我可以担保，在法庭上你找不到被爱充满的人，很少人会爱得罪他们的人。

当你去爱的时候，你就自动满足了律法。当你去爱的时候，你会是仁慈的，温柔的，耐心的，恒忍的，充满喜乐和自由。

从自以为义到真实的圣洁

在孤儿心态的基督信仰里，我们非常专注努力成为圣洁。当下关于圣洁这个话题有很多的谈论。也有很多的诗歌唱到圣洁。你知道"圣洁"的意思吗？圣洁的意思就是"不属于"。我们通常认为，圣洁就是做对的事，活得正确。但圣洁的真正意思是，不属于这世界，跟这世界的体系不同。因为神是圣洁的，它的意思是，这世界上没有任何一样东西你可以用来衡量神的。神不同于这世界里的任何一样东西。

事实是，圣洁是非常难定义的，因为只有神是圣洁的。然而，祂命令我们要成为圣洁，于是，在我们孤儿心态的

从孤儿心态的基督教向做神儿女的基督教的转变

属灵观里，一个重点的专注，就是努力成为一个圣洁的人。但是，当我们成为儿子时，这就没什么大不了的，因为我并不那么专注于成为圣洁，但我确实想要更像我的天父爸爸。我想要像祂那样去爱，像祂那样去想，像祂那样行动，像祂那样去感受。作为祂的儿子，我想要像祂那样去看，像祂那样去理解。我就想成为祂那样。圣经说"你们要圣洁，因为我是圣洁的。"这句话的真正的意思是"因为我是圣洁，你就会成为圣洁，当你更亲近我的时候，我的圣洁会成为你的生命！"公义不在于你做什么，公义是一份礼物。根据哥林多前书1章30节，神已经使耶稣基督成为我们的义。耶稣已经成为我们的义和我们的圣洁。当我们变得像祂的时候，我们就成为圣洁。

一种是靠着人的宗教性的奋斗来达到义和圣洁，另一种是因着儿子自己想要活像自己父亲的愿望而成就义和圣洁，今天后者正在代替着前者。这不是一个轻看不犯罪的努力，重视活像天父之心愿的问题。许多人穷尽一生努力挣扎不犯罪，这才是大悲剧啊。你越奋斗不犯罪，在你的生命里面犯罪的想法就越强烈，因为你专注什么，你就会变得像什么。就好像被流沙抓住一样，无从逃脱。你越想从中摆脱出来，你越会更深地被吸进去。跟仇敌争战也是同样的道理。你越专注击打你的敌人，你的敌人看起来就会变得很强大。你的想法越消极，你的敌人就会变得更强大。神所在乎的并不是我们与罪争战。当然，我相信你不应该犯罪，但真实的答案并非去抵挡它。真实的答案是降服于神，真实的答案是你心中的那种愿望，想要更像祂的那种愿望。你并没有摆脱消极的一面，而是在树立积极的一面。而积极的一面最终会掩没消极的一面。

从定罪到恩典

一个孤儿心态的人要处理的一个大问题是，他们认为，如果人们不喜欢他们，那是因为他们自己身上有错误的东西。他们的第一反应是："这是我的错，是我的问题。"一个孤儿心态的人常常试图掩盖他们的错误，或摆出一副好看的面孔。他们会展示一个他们希望你认为他们是什么样的人的面具。

因着这样的心态，我们的缺点就成为我们的敌人。事实是，缺点会成为一个非常厉害的敌人。我们想："如果我能改掉我的缺点，那么每个人都会爱我。"但问题是，我们改不了。我们可以掩盖自己的缺点，我们可以扬长避短，尽量不让缺点冒头。我们相信是因为我们的缺点，使我们停下来领受我们所需要的爱。但是，当我们来认识天父的爱的时候，有一件奇妙的事发生了。我的缺点，与其说是我最大的敌人，倒不如说已经成为无关紧要的东西了。

我们越认识我们的天父，我们的缺点越不成为问题。甚至我们可以夸我们的软弱。在孤儿心态的基督信仰

从孤儿心态的基督教向做神儿女的基督教的转变

里,你会隐藏你的软弱。因此,孤儿心态的带领人都不会让他教会里的人了解他,因为他们可能会发现他的弱点。有一个教会的带领人告诉我,"如果他们知道你的人性的软弱,他们会认为你也只不过如此罢了,那你就会失去你的权威!"在孤儿心态的基督信仰里,人的软弱被看着是一个问题。当你暴露出自己的软弱的时候,人们的眼光像成吨的砖块,会把你压扁!

我发现了一些东西。当一个人对别人的缺点不能以恩慈相待的时候,那是因为这个人一直在隐藏自己的缺点。在教会里弥漫着这样一种心态,那就是我们绝不容许缺点和错误。我们不应当有缺点,如果你有的话,那就忽然间大祸临头了。然而,当你不被你的缺点困扰的时候,你就可以坦坦荡荡承认这些缺点了,然后你就可以潇潇洒洒活出你自己来。你不需要努力成为权威;不需要努力成为一个带领人;你不需要努力成为任何人。只要与神同行,看神所做的工。但如果你有一颗孤儿心态的那种野心,想要被关注,或者只是想要得到爱,那就难了。但你如果经历过天父的爱,这爱就会满足你的需要,你再也不需要成为大人物,不需要做大事来赢得满足了。

在孤儿心态的基督信仰中,我们也传讲自由,可实际上我们却活在捆绑当中。我们也传讲恩典,却活在律法中。这其实是无法避免的状况。相反的,一个真正自由的人那才真正可怕。好好默想一阵子吧!我想耶稣的那些门徒们，他们肯定是战战兢兢地跟着耶稣的，因为他们真的不知道耶稣下一步会做什么。耶稣跟法利赛人和撒都该人所说的话太让人震惊了，可是祂能够叫死人复活啊，这些人就无法反对祂。神可以做任何事。祂是完全自由的。这太可怕了！

我们今天生活的时代，是天父的爱开始浸泡我们的时代。看看今天的教会，我们开始看到天父的爱进到人们的心里。我期盼着那一天，那时所有的神的先知们和使徒们都被天父的爱所充满，所有的牧师们都拥有一颗父亲的心，而非一颗勃勃野心，他们真正成为世人的父亲和母亲。孤儿的心是根植于错误的树。它总是在将计划付诸行动，以努力博得神的欢心。孤儿的心是分别善恶的树。当你开始意识到，宇宙的创造者祂是照着你的本相绝对喜悦你，绝对爱你的时候，你就会得着释放，从你自己对自己的期待中得着释放。你会得着自由，享受休息，休息在那种极大的确定中，就是在你心里神对你的爱，这爱充满你，洋溢出来。

5
真基督徒的品格

~

我跟蒂妮诗刚刚信主的时候，过不太久我们就开始听到一些强调建造基督徒品格的讲道信息。从当时我们的教会领袖的角度看这完全可以理解，我们的教会一直经历着属灵的复兴，人数增长非常快。短短的时间内，我们就从三十多人增长到一千多人。绝大多数的人都是刚刚信主的人，他们的背景实在很复杂。这样，越来越多的治理教会的责任就落在了教会领袖的肩上了。想象一下，如果你是那教会的领袖，一下子大量信主的人涌入教会，那会是怎样一种场景。只是在帮助他们进入正常的基督徒生活这件事上都足以耗尽你的心力了，于是，你就会开始在讲台上传讲各种原则的道，使得这些刚刚信主的人可以快速地被改变。就在圣灵大大运行的同时，人们还是有着那种紧迫的期待，那就是基督徒的行为得像样起来。这样做的结果是，律法主义渐渐渗入圣灵的巨大的工作中。那时，圣灵在教会里有着非同寻常的彰显，有三十个人同时领受同一个异象，许多的神迹医治，许多落魄潦倒的人都信了主。

你完全能够理解当时的教会领袖们，他们在带领这些为数众多，又是刚刚信主的人做主门徒上是何等着急，他们巴不得一下子就将他们每一个都"洗得干干净净"。但是，因为那时圣灵的恩膏是如此的强烈，以致在人们中间有一种普遍的说法，这一说法当时在全世界的各个教会里几乎路人皆知。这一说法是这样的，"我宁愿大家有更好的品格，也不要有更多的恩膏。"换言之，你必须建造一个强壮的基督徒的品格，因为如果你没有品格的话，那你的恩膏就会因你的品格的问题而失去，教会就会因为你品格的问题而在声誉上受损。直到今天世界各地的教会仍在基督徒的品格的建造上投入极大的专注力。

自义

让我举一些例子，关于我们所教导的成为"好基督徒的品格"。这些全部出自"有原则的人"这一主导思想，就是一个人严格持守神的正确的原则。这些原则就是诸如诚实，正直，简朴，好管家，财务上谨慎，性关系上的纯洁，还有诸如警惕，谨慎。为此提出的建议是，"切勿莽撞行事；凡事三思而行；量入为出；切记，这是神给你的钱，你只是一个管家罢了。"因此，基于这样的认识，你要竭力做到最好。购物要讨价还价，勿驾豪华车子，不要走

真基督徒的品格

极端，保持中庸，做事小心，免遭责难。勤奋努力，做正确的决定。圈内还有一个时髦用词叫"审慎"。我们被劝告做事要慎重，换言之，做任何事都要有把握。简言之，那建议就是不要冒险，不要随心所欲。

我的困惑是，当我听到人们谈论这些东西的时候，我忍不住想，这是我最不希望变成的样子啊！我觉得我被硬硬塞进一个模子里。但我想要自由，我想要活得自由自在啊。

真实的情况是，我一点都不想节俭。基督徒的抠门已经在这世上得了臭名了，这实在令人惊讶。我听说一些餐厅因为基督徒在给小费的事上磨磨唧唧而不接待基督徒！基督徒节俭到了抠门的地步，他们在给店员小费的事上简直臭名昭著。他们若是给也是给得最少的。就我个人来说，当我们去餐厅吃饭的时候，我总是给出多于他们所期待的。我不认为，节俭是基督徒的好品格。事实上，我笃信慷慨大方才是基督徒的品格特征。神对我们是慷慨大方的，祂给了我们多过我们所期待的。祂将祂的儿子给了我们，祂将自己的生命给了我们。

当我们仔细推敲这"基督徒的品格"的真实的时候，其本质乃是自义，除此之外，别无其他。其本质就是建基于我认为的正确和最好的事情上。

如果你开始根据"基督徒的原则"来生活的话，那你得问自己一个问题，我要根据哪一条原则来生活？在每一件具体的事情上，哪一条原则是首要的。拿上面这个例子来说吧，你是该节俭呢，还是该慷慨？在这里要讲的是哪一条原则呢？事实上我们常常自作主张而压抑神的爱的感动。我们选择根据原则做事，而不是让神的爱引导我们的行动。如果爱是我们生活的基础，那么制定正确的生活原则就是回到了错误的树上去吃了——什么才是好事让我们去做呢？什么才是坏事当避免的呢？我们不是行走在原则里的，就是根据我们当下的理解来评估我们在特定事情上所应该使用的那原则，因为我们当下的理解会有缺陷。我们却是被圣灵带领的，就是被我们心中的神的性情和爱感动和引导的。

这个"好管家"的问题，在基督的身体里，一直都是一个很大的问题。这给了贪婪、贪求、舍不得、抠门等等这些行为绝对的许可。它许可你把最好的东西先留给自己，并且在给予的时候不要太过。按照"好管家"的说法，给出超过自己能力的东西无异于犯罪，过多地施舍是不对的。"好管家"限制你只在你完成了你的责任后，从剩下的东西中拿出来给予别人。你只会根据你的可支配收入来给予。当我们真正看这一点的时候，我们会发现，在圣经中，这种态度是被一遍又一遍地谴责的。在撒母耳记下24章24节我们读到大卫王跟耶布斯人亚劳拿说的话，王对亚劳拿说："不然。我必要按着价值向你买，我不肯用白得之物作燔祭献给耶和华我的神。"当蒂

真基督徒的品格

妮诗跟我一起读到这段经文的时候，我们就决定我们不要只是将我们剩余的献给神。我们要付代价地献给神。如果你只是给出你的剩余的部分，因着"好管家"的说法而从未付代价地给出，那就是抵挡圣灵在超自然的信心领域里对你的带领。

那个在圣殿里投了两个小钱的寡妇，她投上的并不多。从数额上看是微乎其微，但她却是献上她一切养生的。在所有奉献金钱的人当中，耶稣单单提到这寡妇的故事，并被记载在圣经里了。这实在意味深长，不是吗？照着"好管家"的原则，这穷寡妇错得一塌糊涂！她这么做的时候她内心的感受似乎跟神心中的感受很相像，神也是将祂所有的都给出了。罗马书8章32节将这一点指出来了："神既不爱惜自己的儿子，为我们众人舍了，岂不也把万物和他一同白白地赐给我们吗？"因为祂既将祂最好的给了我们，祂就没有一样留着不给我们了。

真正的基督徒的品格实际上就是神自己的品格，是神传授给我们的，使我们更像祂。那些诸如小心、谨慎、节俭、适可而止等等都是我们人的自作主张，就是我根据自己的所谓的正确的活法而做的评估。

我发现受邀讲员经常在爱心奉献酬谢上所得的都是被最小化的数额。我们发现很多教会对我们非常的慷慨，但是更多的教会却仍在操练所谓的"节俭"，在爱心奉献酬谢上抓得紧紧的，一点也不放松。这不是神的心。

很多教会所想的就是如何能给得最少。就我个人而言，我宁可给出太多，也不要给出太少。我相信这样做是跟神的心贴近的。路加福音15章的比喻一直被当作"浪子的比喻"，其实更准确地说，这故事应当是"挥霍的父亲"的比喻。故事的重点应当是那恩典满溢的父亲，而非那个挥霍殆尽的儿子。这故事说的是一个爱太多的父亲，如果你可以像这样说的话。所以，我宁愿给人更多，多过他所期待的。

真正的基督徒的品格并非成为一个这样的"好管家"，在给予和花费上总是抓得紧紧的那种抠门，而是更多、超过所需用的，因为这是我们神的品格。所以，我们知道，所谓的"基督徒的品格"是根植于错误的树上的。我们非常熟练于分辨对错。但是，在天父爱里的基督徒的品格究竟像什么样子呢？天父的爱在祂的儿女的生命中究竟是怎样彰显出来的呢？天父想要我们活出怎样的一种生命呢？

我想要探讨一些话题，我相信这些话题是真正的基督徒品格的根基。是我们天父的爱想要带领我们去的地方。这些话题是蒙天父所爱之后生出的生命的果子。

不关心名誉

主耶稣生命的主要的一个品格，就是**对自己的名誉完全不关心**。耶稣来到人世间，祂所要做的第一件事就是放下祂在天上的荣耀，且成为一个人。祂将祂的荣耀和祂的名誉放下，来到人世间。当祂在世上的时候，祂对一切能够给祂带来名誉的事情毫无兴趣。当人们找祂，要立祂做王的时候，祂从他们当中逃开了。祂常常避开人们的献媚吹捧，却在旷野寻求神。而当祂被钉死在十字架上的时候，祂是被当作罪人被钉死的。祂死了，是赤身露体被挂在十字架上的。祂死的时候甚至没有一块布遮掩祂的下身，不像那些中世纪的画家们笔下所描绘的那样。是的！祂是赤身露体被鞭打的，当街众目睽睽地被赤身裸体挂在十字架上的。祂担当了我们的羞辱。我们看到这一切，可以想到祂受苦蒙羞，我们以为既然祂为我们担当了这一切，我们就不需要去承受了。才不是啊！祂这样做，是给我们立了一个榜样，让我们去效法祂。人若说他住在主里面，就该自己照主所行的去行。（约翰一书2:6 和合本）

耶稣已经将生命之道启示给我们了。祂是神的儿子，我们正效法祂成为神的儿子，祂是我们的大哥哥。我们从前以为，让耶稣做我的主，意味着祂是我们的司令官，不管祂告诉我什么，我都必须服从。当祂下命令的时候，我就必须马上行动，立刻服从。后来我发现根本不是这么一回事。耶稣是王，但我们不是祂的子民，也不是祂王国里的臣民。因为我们是在祂里面的（在神的众儿女中祂是首生的），我们已经是皇室成员了。耶稣所有的态度都统领和支配着我们的态度。我们要像祂一样。当我们说到耶稣的主权时，意思是祂生命的一切的样式，决定着我们想要成为的样式。我们生命中一切与祂不同的东西，都要改变过来，顺服于祂。我要活出跟祂一样的生命价值。

当耶稣说，"我就是道路、真理、生命，若不藉着我，没有人能到父那里去。"的时候，祂不单单说祂在十字架上的死，为我们开了一条道路，使我们可以坦然无惧地来到天父那里。祂更是说，"我就是道路。"换言之，如果你想要来到天父那里，想要更深地明白天父，那就像我这样活吧！因为祂就是这样生活的，祂就是天父最喜悦最享受的那一位。

天父与那些使自己没有名声的人成为伙伴。你对名誉的渴望和希望他人对你的高度重视会妨碍你与天父亲密的情谊。当耶稣说："我就是道路"，祂也是指，"成为像我一样！"

我们的主耶稣不单使自己没有名誉，甚至祂坚持选择行走在拆毁名誉的道路上。像我这样到处服事旅行的，我也得面对同样的关于名誉的问题，有时面对的方式也很有趣。我有机会认识一些当代基督教会圈内著名的领袖们，我也跟一些非常有影响力的人们见面开会，我也受邀在不同的地方讲道，如果我在那里是被接纳的，那里就会敞开大门，使我们做更长久的服事。

我记得自己向一群来自亚洲的主要的教会领袖讲道。东道主教会的成员已经达到一万多人了，我就向着他们主要的七十位领袖讲道。当我站在他们面前的时候，有一个想法忽然从我的思想里飘过，"如果我在这里干得好的话……"于是，我就开始想象，这里有很多的门为我敞开。接着有一个想法进入我的思想，"那我想怎样呢？我是讲他们喜欢听的，使得我以后可以跟他们一万两千多会众讲道？感谢主，这事发生不久之前，我对追求名誉这件事非常的警惕，这样，它就不至于成为我的一个严重的诱惑，但是，我脑子里确确实实有过那些想法。

我再举个例子，我跟一些当今著名的教会圈内人士坐下吃饭的时候，那时的诱惑是，只想自己如何给大家留下一个美好的印象，这样的话，或许他们会向我敞开大门，给我机会在他们那里发展我的事工。他们以后组织什么特会的时候，他们会考虑邀请我做主讲。

你对天父对你的爱越了解，你就越不需要去克服对人的惧怕。你不需要使劲克服你的害羞的性情，因为别人对你的看法已经变得越来越无关紧要了。如果有人对你有不好的看法，你可以给他们自由让他们持有他们的看法好了，而你仍旧不受影响，因为天父对你的爱时刻淹没着你。当有人像神那样奇妙地爱着我的时候，我为何还要在乎别人对我的不好的看法呢？我干嘛那么耿耿于怀呢？从今以后，当有人说了你什么的时候，你去主那里，说，"主啊，这是真的吗？"经常地，神会借着别人对你的各种说法向你的心说话。

孤儿的灵非常在意别人的认可，以致我们活在别人对我们的各种看法的恐惧中。在我们的心里，我们努力争取得到别人对我们的尊重，努力使自己感觉良好。让我告诉你，当你经历了神对你的爱，你会自然感觉良好起来。你会自然感觉自己是有价值的。你不需要走过一套建立自由价值的课程。有帮助的东西都是好的，但我们最终需要的帮助乃是天父对我们爱的启示。有时候人们确实需要当下的实际帮助，所以我不是批评那些主动帮助的有用性，但是当我们开始体验到天父的爱时，这些当下的实际性的帮助会被吞噬掉。天父的爱会比所提供的临时的解决方案来得更周全。我很喜欢我的妻子蒂妮诗说的："神的爱不被价值所左右。相反的，神的爱创造价值！"祂不是因为你有价值才爱，相反的，祂对你的爱显出了你的价值，祂对你的爱使你深感自己的价值。

事实是，渴望良好的声誉源起于我们堕落的人性。我们希望人们对我们有好感。你越没有安全感，就越容易受诱惑。让我们面对现实吧，你可以去做别人希望你做的事，但你不会喜欢你自己，是吗？这不是真正的你。不管怎样，你会把自己搞得不成样子！

在乎别人想法，对名誉的渴望，这些使我们无法与天父相交。神绝对不存什么私利。祂没有丝毫的自私自利。

真基督徒的品格

三位一体的神祂们绝对专注于彼此，专注于我们，就是祂所爱的对象。所以耶稣不看重祂的名誉。祂非常爱祂的天父，也非常爱我们，以至于祂毫不犹豫地放下了祂自己的荣耀：

"他本有神的形像，不以自己与神同等为强夺的，反倒虚己，取了奴仆的形像，成为人的样式。既有人的样子，就自己卑微，存心顺服，以至于死，且死在十字架上。"（腓立比书 2:6-8 和合本）

当耶稣看着你时，祂全神贯注于你。这就是爱了。

这是我们基督教的一个主要问题。我相信这就是天父的爱要带我们去的地方。你越了解祂爱你，你就越不在乎别人对你的看法。很多时候我们说，"我不在乎别人怎么看我"，但实际上我们很在乎。我们常常尝试勇敢起来，我们不承认自己被伤害的感受，不承认自己里面的不安全感，但一旦论到别人对我们的看法时，事情就变了，我们真在乎别人对我们的看法。所以，相信你自己吧，相信神对你的呼召吧，这样，你对别人的批评或赞美就不感兴趣了，这才是一个真正有安全感的状态。每当我看到那些强调"良好品格"的人的时候，我觉得他们不但很无聊，他们的生命还缺少恩膏。神的恩膏常常伴随在那些略略超乎常理的事物上。神的恩膏是不可预测的。你必须从这世界对你的期望中摆脱出来，这样你才能随着圣灵的风而动。

古道再探

一颗想要祝福人的心

接下来我要提到的一个真基督徒的品格的根基，是**有着一颗愿意祝福别人的心**。

当你做神的儿子的时候，你心里想的就不是如何被祝福，相反的，你想的是如何去祝福别人。奴仆总是在寻求自己的益处，在乎自己生命的成长。而儿子却学习放下自己的生命。当我们越发深入活出儿子的生命的时候，这一品格会一次又一次地起来挑战我们的生命。作为一个奴仆的心、孤儿的灵的基督徒，他们的专注是自己的益处。而作为一个儿子的基督徒，他们的专注却是天父，因为天父对你来说变得越发的真实了。天父在你心中越真实，你就越想成为别人的祝福。天父在你心中越真实，你的生命里面就开始发生改变，你会不在意别人对你的事情的看法，你只在意天父的感受。

这在服事的时候会成为一个首要的问题。很多人被"我的事工"耗尽了，被神会怎样待我这类问题折腾着。几年前在美国，我跟一个牧师聊起来，他的服事团队中有一个年轻领袖，这位牧师觉得这位年轻人是一个非常棒的青年领袖，可是，后来他却大失所望。他提到一些关于这位年轻领袖的一些事，当这年轻人还是教会里的员工的时候，他就已经为自己的事工取了一个名字。他还建了一个自己的网站，里面说的都是在抬举自己的东西，还有就是他的事工未来的发展等等。这人想要建造自己的事工，在他的心里早已将他的牧师撂在一边了。在当代教会的文化里，我们热衷于自己个人的事工。成千上万的人跑到先知性服事特会里，想要得着关乎自己的事工以及自己的未来的预言。然而，神向来多跟少数人往来，而非跟大群人。在孤儿心态的基督信仰里，我们将彼此看作竞争对手。羡慕嫉妒的心态充斥着基督的身体，因为个人的野心已然成为我们的大问题了。许多人追求的是他们要"为神"做大事，而实际上他们是想要借此得着自己的好处。

这种情形对许多领袖来说也是适用的。领袖们缺乏安全感，以致他们不愿意去兴起他们下边的其他领袖。他们将这些领袖差派出去，摆脱他们，以致他们自己在教会的领袖层面没有竞争，不再有人威胁到他们。如果有人成长起来了，并且展露各样的恩赐，那些有着孤儿心态的领袖们就会打掉他们。我想我们都知道我所讲的。有时候带领人这样说，"如果我们保持会众年轻，不让他们长大，这样我们就没有威胁了。"这就是孤儿的灵在作祟了。我知道这都不是有意而为之，但却经常发生在有着孤儿之灵的基督信仰的圈内。我发现其中有这样的一件事，如果你想要开展一个事工，那你就投入你所有的时间和精力去帮助别人开展他们的事工吧。如果你投入所有的时间去发现自己的事工，我敢担保，你肯定永远找不到！你不会有任何的发展。如果你的重点是为自己找一个事工，那肯定不会有任何结果的。然而，如果你投入精力帮助他人进入神对他们的呼召中，那你就会为自己找到事工。你的事工就是服事别人，这就是事工的真正意义。服事意味着去服务别人，可我们经常把它弄颠倒了。

最近我读到德里克·普林斯写的关于腓立比书2章3节的一些东西。保罗在那里警告我们，作为主的仆人，任何事情都不是出于自私的野心或虚荣的自负。第3节是这么说的，但德里克·普林斯接着说：

"多年来，我观察到教会中一个持续存在的普遍问题，就是个人野心，和其他牧者之间的争竞。让我补充一点，我首先在自己的生命中看到这一点。"

我很喜欢他这么说！我也在自己的生命中看到了这问题，我认为这就是一种孤儿的状态。在孤儿的状态里，每个人都是为着自己。照顾好自己的"第一名"，因为没人会傻傻地帮你！这就是孤儿的座右铭。但做神的儿子的，那就不同了。尽管会有一些老大哥带出各种的嫉妒与纷争，因为他们毕竟从孤儿的状态里成长起来的，但当我们这些做神儿子的知道天父和祂的慈爱时，我们就成了一家人！这样，"弟兄姐妹"就成了真正意义上的弟兄姐妹了，而非只是一个漂亮的称呼而已。当我做神的儿子时，有一个比我年长的弟兄就会成为我的荣幸。而在孤儿之灵的基督信仰中，比你年长的弟兄通常不会给你带来什么好处，因为他们会将属你的东西夺走。做神的儿子的，老弟兄和老姐妹却成为我们的祝福，因为他们拥有我们所没有的东西，我们可以从他们的生命中受益。

如果你对神有一种奴才的心态，那你就会有一种要得奖赏的期待。你做了神所吩咐你的事，便期待着得着祝福。这种情形在今天的基督教圈子里非常普遍。如果你忠心地遵行神的旨意，你便极其看重神对你的眷顾。在基督的身体内，有一种当得的文化在暗暗涌动着。有人甚至说："如果我是神的儿子，那我就应当乘坐头等舱，住最好的酒店。"有着奴才心态的基督徒他们总是期待被祝福。然而，一个神的儿子他一心想要的就是叫他的天父喜悦。这样，最终你能得到的最大的祝福就是一个像基督一样的人格。这就是天父的爱会带领我们进入的那种状态。当你心中满了天父的爱的时候，你就会开始更多地关心别人，而非关心自己。你就会希望别人比自己更成功，更蒙福。

几年前，蒂妮诗跟我一起做了个决定。我们已经服事很久了，我们的专注和祈求都是要神来祝福我们，祝福我们的事工，祝福我们所做的事。有一次，我再次听到有人这样祷告，"主啊，祝福我们今晚的聚会吧。在我们所做的事上加添你的祝福吧，"可我内心回应道，"这样的祷告够了！我已经求神祝福我和我的事工太多了！"

现在，当我被邀请去讲道的时候，我总会被请求参加聚会前的祷告会。通常我会避开这些祷告会！有两个原因让我这么做：首先，因为我不能忍受人们对神的那种不信，他们所求的绝大部分东西都是世界的，他们乞求神这个那个，就是不向神祈求信心。再一个原因是，我已经厌倦了求神祝福我们——祝福我们的聚会，祝福我们的敬拜，祝福我们的讲道！我一点都不想要神来祝福我。从现在起，我只想祝福神自己。我只想让我的生命给神带去喜悦。

这种心态上的改变对我们来说实在不可思议。只要你一直想着要神来祝福你，你就会试图让神来适应你所做的事。而当你的愿望是要叫神喜悦时，神就会领你进入祂所做的事里。这两种心态的差别实在太大了。太多的人对我说，"我这么多年都在为主做工，而我还没有这个，还没有那个，"或者对我说，"我们服事神已经很多年了，可是我们还没得着'这个'！"这似乎在说，因为我们如此忠心地服事神，神就应当供给我们这些东西。这就是奴才的心态。奴仆做工是为了得奖赏。儿子却与他父亲默契同工，使父亲的心得满足。

在奴才心态的基督信仰里，你找不到殉道者的精神。请默想一会儿！当我们的心态是想要得着什么，是想要"我"得着祝福，是想着神应当为我做这个那个的时候，这已经远远地偏离了殉道者们的道路。殉道的道路是成为神的祝福——甚至愿意失去你的生命。如果你的死会叫神喜悦，就这样成就吧。这就是殉道者们的心态。殉道者的精神不是要得着自己的祝福，而是放弃自己的生命，成为别人的祝福。今天我们西方世界的基督徒文化已经彻底忘却了这一点。

在我的服事旅程中，仅有不多的那么几次，在我们一同服事中，我闻到了殉道者们的生命的馨香。而当我闻到这馨香的时候，那实在太奇妙了。我记得有一次在斐济，我遇见三位年轻的姐妹，她们住在山坡上的一个事工中心里，服事那里的印度蔗农，这些蔗农实际上都是奴隶。她们不能拥有自己的土地，她们尝试改善居住条件，地主们就会进来，将房里的东西全都丢出去。她们被困在种植园主的苦力劳动的恶性循环中，而种植园主却没有给她们任何休息和改善的机会。当我去拜访她们时，这些女孩们正在挖坑建厕所。她们在大约八英尺深的坑里，用镐敲碎坚硬的岩石，然后用绳子把桶吊到地面上。她们在炎热潮湿的环境中工作。当她们看到我时，她们爬出坑来，邀请我和她们一起吃午饭。她们有汤，基本上就是热水，里面漂浮着几片叶子或草叶。但你会听到她们的感恩谢饭！她们敬拜神的时候，心里因神所赐给她们的，就大大感恩。我感觉到她们身上有一种东西，那就是殉道者们的生命住在她们里面。

教会是建造在殉道者们的鲜血上。只有殉道者们牺牲流血，一些国家才在属灵上有突破。殉道者的血是神用来打开一个国家的福音的主要武器之一。想要成为别人的祝福，而不是想要被祝福，这样的心愿存在殉道者的生命里，存在是神儿子的生命里。

喜乐的创造者

活在天父爱里的基督徒品格的另一个重要基础，就是**成为喜乐的创造者。**

具有真正基督徒品格的人会创造喜乐。他们的存在带来快乐。我们一直以为基督徒应当是非常严肃的人，因为基督教是很严肃的。有些基督徒甚至认为笑是一种罪。我就听到过这样的讲道。讲员大概是这么讲的："我们在笑，但你认为神正坐在天上嘲笑世上的问题吗？你认为神在嘲笑世上的战争、饥荒和悲剧吗？"这样的评论肯定会让任何快乐消逝！

人们很容易陷入这样的想法，就是对一个堕落的世界唯一的反应就是严肃。我记得听到海蒂·贝克在谈论到这件事。她在莫桑比克生活和工作，莫桑比克是世界上最贫穷的国家之一。她为生活中经历过可怕遭遇的人们服务。她所做的其中一件事，就是在婴儿临死的时候，把他们抱在怀里，在最后的几个小时里给予他们爱。然而，她说，在这样的痛苦中，她却充满了喜乐，以致她对神感到奇怪，为什么会这样呢？在这样的痛苦中，她怎么能有这样的喜乐呢？我不记得神对她说了什么，但有一件事留在了我的脑海里。神对海蒂说："这些人需要的是快乐。这些人需要一个快乐的理由。他们不需要严肃的人。他们需要能在他们当中创造快乐的人。"

做母亲的有一个特点，就是她们会活在与自己最伤心的孩子相同的情感水平上。在一个特定的日子里，家中哪个孩子最不开心，母亲的情绪都会处于同样的状态。当那孩子又开心时，母亲就会转移她的注意力，与下一个最悲伤的孩子感同身受起来，这样，母亲会持续生活在家庭中最低的情感水平上。然而，孩子们真正需要的是一位母亲，她能将他们从悲伤中解脱出来，达到她的幸福。许多基督徒的生活都是这样的。他们生活在尽可能低的快乐水平上。

世上的人们需要的是欢乐。我真的相信真正的基督徒品格有创造快乐的能力。

当我们刚刚成为基督徒的时候，我和今天的我完全不同。我们做了几年基督徒，我经常感到非常孤独。我不再和我以前的狩猎伙伴有任何共同点，我也没有基督徒朋友。我们的教堂成长迅速，从大约三十个成员发展到一千多人。有时我们去教会，我们会在门口受到欢迎，就好像我们是第一次来一样。我们早先加入教会时记得的人，他们已经不认识我们了，他们会在门口欢迎我们，就好像我们是新来的人一样！我感动害羞、受伤、没有朋友。我曾跟蒂妮诗感叹说我在教会里没有朋友，她对我说："詹姆士，如果你常常微笑，那真的会有所帮助！"可

古道再探

我没有微笑的能力。快乐必须来自我的内心，一个急需医治的地方。

我们住在离教会大约三十英里远的乡下。在成为基督徒的头两年里，没有一个教会成员探访过我们的家。许多来自教会的人探访了其他住在离我们家一英里远的教会成员，但我们没有来访者。我们对神的一切都那么投入，把我们的全部精力都投入到教会里，但我们觉得没有人真正关心我们。

后来有一天，我看到一辆车在通往我们家的碎石路上开过来。令我惊讶的是，它冲进了我们的车道，下来一个人。他名叫大卫·皮克林。大卫是教会的执事之一。他敲了敲门，我应门。大卫的眼睛闪着明亮的光，他突然说："你们住这儿真是太幸运了！这真漂亮！"

他走进走廊，拿起我们给他的那杯茶。"哇！"他叫道。"你们家墙上贴墙纸了吧？这墙纸真是太棒了！你的家具真不错！"他对看到的每一样东西都发出热情的评论，我们也开始重新审视我们的家当和房子。当他离开时，我觉得我们就像活在皇宫里。他的到访极大地鼓舞了我们，对我们产生了巨大的影响。他创造了欢乐。他是你所能想象到的最快活的人。在教会主日崇拜的时候，他会跳来跳去，比跳舞还要开心！那天，他给我们的生活带来了丰盛，在我们的脸上挂上了微笑，让我们心中充满了感恩。

真基督徒的品格

基督信仰不是那种严肃紧张和小心谨慎的。基督信仰主要是关于喜乐。如果一个人不喜乐，那作为一个基督徒他在品格上仍未成熟。重要的不仅仅是拥有喜乐，而是有能力传递这喜乐，这告诉我们，我们正开始进入到一个有效的基督徒的带领境地。保罗说："……乃是帮助你们的快乐。"（哥林多后书 1:24 和合本）这就是传道的目的。传道就是帮助人们喜乐起来。传道的目的是创造喜乐，否则没有任何意义。我们要帮助人们从各种的堵塞中脱离出来，这样他们就可以享受他们的生活，他们就可以享受与神同行。想象一个教会，它的唯一目的是增加神在人们生活中的绝对喜乐。基督徒的品格和事奉是为了让人们越来越喜乐。当你想到这一点时，你会发现这是多么显然的道理啊。

我们有一个南非朋友，他的生命充满了天父的爱。他既是镇上一所教会的牧师，也是镇长。作为一名牧师，他发现他的教会没有成长，所以他问神如何让教会成长。神让他加入当地的橄榄球队。其他队员知道他是个基督徒，觉得他肯定不是什么高手，尽管他在橄榄球场上的位置是最艰难的。后来，在一次比赛中，对方将他作为攻击的目标。令他的团队惊讶的是，科布斯报复并揍了对方一顿。这事使他赢得了队友们的尊重，就这样，他们都来到了他的教会。

科布斯来参加我们在加州帕萨迪纳的一次会议，受到了天父的爱的感动。这种经历真的改变了他,结果他在家庭教会的讲道发生了根本性的变化。在他从帕萨迪纳回来后的第三个星期天,他的一个教会成员在听了他的讲道后来见他。那人对科布斯说:"我再也不来这教会了,我要去城里的另一间教会。"我们的朋友问他,"为什么呢?"他回答说:"是这样的,我以前来这里的时候,听完道离开的时候,我心里总会感到内疚,可你现在讲"天父的爱"这个东西,我就不再感到内疚了,所以我要找一个能让我感到内疚的牧师!"基督教的观念有多扭曲啊?这种类型的基督教简直是在完成一个不可能的任务,就是试图通过内疚和谴责使人达到圣洁。

我相信基督信仰的重点不是传递内疚的能力。有时我看到一个传道人被宣传说"一个非常有挑战性的讲员",或者有"一个具有挑战性的信息",我从来不想听另一个具有挑战性的讲员的讲道。我们已经承受够了挑战。我们不需要更多的挑战。我们需要的是力量和喜乐,来迎接生活给我们带来的各种挑战。我不想听完道,走出教会的时候,总想着我必须做得更好——我必须——我应该——我不得不。我不想被挑战去做各种的事情,我想要知道神是谁,神做了什么。因为当我发现神的所作所为时,我的内心会对祂作出反应。当我发现神是谁的时候,我的内心会情不自禁地爱祂。几年前,作为一个年轻的传道人,神对我说:"詹姆士,永远不要告诉人们他们必须做什么,永远不要告诉人们他们必须成为什么。去告诉他们我是谁，我做了什么！"

今天的大部分基督教都在告诉人们他们必须做什么，必须成为什么样的人。我经常听到这样的话："如果教会真的在做它的工作"，"如果我们真正活出我们应该成为的人"，或者"这是神对我们的要求，我们要为神来改变世界。"当我听到这样的评论时，我一点也不感兴趣。我不了解你，但我不是一个改变世界的人。我只是神在排水沟里找到的一个人。我没有"改变世界"的潜力。我也不是"历史创造者"。我不相信创造历史，也不相信改变世界，我只是相信自己被拯救了，因为我非常需要它。我相信一位神，祂会爱我，帮助我度过我的人生。我进入基督信仰并不是为了给这个世界产生重大影响。

然而，我所发现的是：当我越来越向神的爱降服时，神偶尔会通过我改变世界的一小部分。这与我无关。当我在一次特会上发言时，我说我对成为"世界变革者"或"历史创造者"不感兴趣，我完全不知道他们组织的下一场特会被称为"世界变革者和历史创造者"！不用说，我没有再被邀请了。

有时看到年轻人被推向一种仅仅基于人类热情的狂热中，我感到很难过。这不是真正的基督信仰的道路。我知道那结局会是怎样的。事实是，我曾经走上了这条路，它导致了幻灭和绝望。我真的为神而燃尽枯竭了。这还不是人们谈及的全部。事实上，那是一次可怕的经历，我明白了倦怠和枯竭不是神想要的。只有凭血气的才会真正倦怠和枯竭。如果我们是在圣灵里，我们会得到安息，还会结出丰硕的果子。事实是，我们的成长应该是信上加信，荣上加荣，不断地转变成祂的样式。基督信仰的要旨就是变得像耶稣，其中很大一部分是我们的生命充满了喜乐。

基督徒品格的一个要点是，要非常享受你的生活，并与神同行。如果你是活在好行为这一紧身衣的束缚下，那你肯定不会享受它的。

满足

真正的基督徒的成熟是以**满足**为标志的。这对许多人来说是陌生的，但却是一个人生活中最受欢迎的品质。这与幸福无关。幸福可以来也可以去，但满足是对我此刻在我人生中的处境的平和的接受，这就是我，这就是我现在所处的位置，我满足于这样。保罗在腓立比书4章11和12节说到：

......我无论在什么景况都可以知足，这是我已经学会了。我知道怎样处卑贱，也知道怎样处丰富，或饱足、或饥饿、或有余、或缺乏，随事随在，我都得了秘诀。

我的生命中仍然有一些地方我不满意的，但与我从前的样式相比，我已经有很大的变化了。我相信神一直要将我们带到一个心满意足的境地。满足真的是基督徒品格的要点之一。我们需要明白，满足并不意味着我们生活中的每件事都是恰到好处的。相反的，满足是在诸事并不完美、不尽如人意的时候，是在仍有需求和需要的情形下，仍具备的平安。保罗在巨大的需求和艰难中学会了知足。

我真的相信，除了经历天父的爱之外，我们是不会有这样的满足。天父的爱真的是唯一最终超越这个世界各种问题的东西。当天父的爱真实开始沁入你的内心，就是你对这个世界向你不断抛来的问题而产生的各种情绪反应，你会发现满足开始在你的心里建立起来。

我相信，我们是因着满足而服事，而非因着服事而满足。耶稣说："使人和睦的人有福了！"使人和睦的人是一个充满和平的人，这种和平仿佛馨香飘散，沁人心扉。当这样的人走进房间时，和平就会临到整个房间。你必须首先拥有和平，才能将和平带给人们。和平改变了整个的氛围。信徒的精神状态会影响到他们身边的氛围。圣灵所结的果子，是我们战争的征服性的武器。我们常常认为，我们战争的武器就是那宝剑，乃是神的话语。但首先得让那话语住在我们的生命里，我们才能在争战中得胜。当你的生命中拥有如此之多的快乐，甚至环境都无法抑制时，你就在战胜仇敌了。当有人真的生你的气，而你内心完全平静的时候，你就能解除这种愤怒。内心的满足会挫败撒但用来套牢你的诱惑。

将神儿子的名份活出来，这样就将天父彰显出来了，人们就可以透过我们的生命，感受到天父的真实。满足不仅对你自己的生命是美妙的，而且会影响到其他人，使他们进入平静和安息。知足是我们对抗敌人的有力武器。属灵争战最厉害的武器是和平、喜乐和满足。这就是道成了肉身在我们的生命里了。今天的教会里，我看到了太多的浮躁、忙碌于许多的活动。各种的计划、愿景、目标、使命和事工，这些往往只是那未曾满足的内心的外在挣扎。我们需要将保罗的知足带到教会里。保罗是基于这样的满足和安息进入服事的，而当教会进入到保罗那样的满足和安息时，就将开始取得与保罗相同的事奉结果。

天父的价值体系

基督徒品格的真正问题是：神的本性是什么样的？真正的基督徒品格是流露出神的本性，借着我们内心对神的爱慕而变得更像祂。孤儿基本上是没有安全感的，没有安全感的人会把名誉和金钱等东西作为安全保障。我相信耶稣在路加福音12章15-21节所讲的比喻指的就是这个：

于是对众人说："你们要谨慎自守，免去一切的贪心，因为人的生命不在乎家道丰富。"就用比喻对他们说："有一个财主田产丰盛；自己心里思想说：'我的出产没有地方收藏，怎么办呢？'又说：'我要这么办：要把我的仓房拆了，另盖更大的，在那里好收藏我一切的粮食和财物，然后要对我的灵魂说：灵魂哪，你有许多财物积存，可作多年的费用，只管安安逸逸地吃喝快乐吧！' 神却对他说：'无知的人哪，今夜必要你的灵魂；你所预备的要归谁呢？'凡为自己积财，在 神面前却不富足的，也是这样。"

那人正在积存财物准备退休，神却对他说："你这个傻瓜！（和合本译：无知的人啊）"这话说得很重啊。钱财是重要的，但更重要的是神要我们怎样使用钱财，神不会像那些没有安全感的人和那些充满孤儿心态的人那样看待钱财的。

当我们在圣经里读到耶稣非常敬佩那个献上两个小钱的寡妇时，我们真正看到的是天父的价值体系。如果我们行走在耶稣所行走的道路上，就是根据天父的价值体系和天父的心愿来行走，那我们与天父之间的那种亲密度一定会加增的。这道理在我们的现实生活中也处处可见。比如，当我年轻的时候我喜欢打乒乓球。我发现我会花很多时间跟喜欢玩乒乓球的人待在一起。此所谓物以类聚吧。我想要表达的就是，我们的共同兴趣会促成我们情意相投。同样的道理，弄清楚天父心里最喜欢的东西，那跟祂亲密就指日可待了。如果你心里有些东西跟天父的喜好不一致，那你跟祂之间的亲密关系就蒙上了阴影。但当你跟天父非常融洽的时候，你就会享受跟祂在一起的情意。儿子的名分就是这样运作的。如果你很慷慨，你就会尝到跟你的天父亲密的滋味，因为祂也是慷慨的。如果你在这方面很节俭，囊中羞涩，很抠门，那你就享受不到你那慷慨大方、毫无保留的天父了。什么时候你纠结于钱的事，什么时候你已经跟祂无缘了。

在圣灵里行走

我邀请你来，从你的思想中，将固有的基督徒品格的认识彻底清除掉，就是那些孤儿的心态，奴仆的心态（奴才相）通通清除掉。如果你对这些固有的想法还是那么藕断丝连的话，那你就会被自己的爱面子绑死，被身不由己的那种随时要照镜子看看自己的模样的生活绑死，你也会被一切靠自己打拼的那种生活绑死。这种状态隐藏的危险是，尽管你将神当作你的追求目标，你还是靠着你个人的努力来生活。靠着基督徒的原则来生活，这实际上是来自分辨善恶树的生活。而真理是，我们是在圣灵里行走的，而不是依循各种的原则活的。如果你根据基督徒种种的原则来生活，那你最终会使自己落入骗局中，因为你会发现你并没有活在与神的真实的关系中。

我们也不是行走在"神的话语"里的。我们的生活不是仅仅是因为圣经说了些什么而去服从圣经。我们是根据神的话语来行走的，但是，我们是行走在圣灵里的。如果神的话语责备你，那你知道你没有行走在圣灵里了，但服从神的话语跟行走在圣灵里是完全两回事。在圣灵里行走总是照着神的话语行走的，而反过来就不一定是了。因为你是照着神的话语活的，而这并不确保你是在圣灵里的。在圣灵里行走总是会引导你照着神的话语生活，但反过来就完全不是那么一回事了。我知道很多人宣称自己对神的话语非常忠心，可是他们对圣灵说的话却一无所知。

那"行走在圣灵里"究竟是什么意思呢？就是神的爱浇灌在你的心里。当我们行走在天父那持续不断向我们的心浇灌进来的爱中的时候，这就是行走在圣灵里了。这就是耶稣活出的生命。这就是在基督耶稣里的生命圣灵的律。愿我们能够看到像耶稣那样行走会是怎样的——脱离各种的原则，各种的指令，还有各种的规则。愿神将我们从各种期待的要求中解放出来，使我们真真实实地做祂的儿女。神儿子们荣耀的自由是各种的限制，各种的架构，各种的准则和规矩的框框之外的东西，不管这些东西看起来是多么的正确。祂要我们自由自在地与之共舞，因为只有爱可以完全地自由。

有件事曾让我感到震惊，同时又感到很解脱。我曾经受到许多圣经教师们强烈的影响，那就是我必须照着圣经的教导去做（尤其是新约圣经的教导）才能活出一个成功的基督徒的生活。但事实是，没有一个使徒读过新约，他们一次都没有读过啊。他们不是藉着服从神的话语来过他们的基督徒的生活。他们没读过新约，他们却写下了新约！他们的生命是行走在圣灵里的，圣灵引导他们生活，引导他们学习到许多东西。他们将这些东西写了下来，最终成为了新约圣经。行走在神的圣灵里，也会使我们照着他们的生活去行走。这样，从他们生命中洋溢出来的神的爱就会从我们的生命中涌流出来！

6
胜过这世界——情绪的争战

~

当我们经历着天父的爱，行走在天父的爱里的时候，我们对基督信仰的看法也在发生着天翻地覆的变化。神正在向我们恢复基督信仰真正的事实。我想查看一段特别的经文，我从来没有真正理解过它，它也给我带来许多的困扰。那就是约翰福音第16章的最后一节。差不多这是耶稣在地上的最后一个教导，就在祂被钉十字架前夕，所以这经文非常重要。这段经文之后，祂紧接着就是向祂的天父祷告，而这是耶稣对祂门徒们恰如其分的教导。祂说：

我将这些事告诉你们，是要叫你们在我里面有平安。在世上，你们有苦难，但你们可以放心，我已经胜了世界。

我以前读到这段经文的时候，我总感到困扰。对耶稣说的"在世上，你们有苦难"这一点我没有任何的争议，我绝对同意这个说法！这句话太真实了！让我带领你进入那永无休止的隐秘的苦难中。在这世上你会有苦难。我做基督徒已经有四十多年了，我可以告诉你在我的基督徒的人生中，苦难是真真实实的东西，但最好是跟主耶稣一起走过这些苦难，而不要独自行走。尽管我们都知道，耶稣的存在是要帮助我的，然而，还是有一大把的苦难和疼痛。当耶稣宣告说，在世上你们会有苦难的时候，祂的意思是你会遇到很多的问题。这世界会不断地将各种的问题砸向你。

然后祂说了这么几句话，"但你们可以放心，我已经胜了世界。"当我第一次读到这里的时候，我的直觉是，好啊，耶稣你太棒了！你可以胜过这世界，但我不行啊！好像这世界在不停地向我扔东西，一点都不好玩。

这世界不断地向你扔东西，这给你造成的困扰是你在情绪上被影响了。你发现生活中你的情绪好像在坐过山车一样。有时你精疲力竭，有时沮丧忧郁，还有恐惧，担忧，以及成就和快乐中混杂的痛苦。生活就是这样。要搞定这些东西，有些人的做法就是压抑他们的感情，使得自己对任何东西都不会有什么感动。但是，在生活中有时人们会受到极大的伤害，这些伤害会烧灼他们的情感，因为他们难以承受痛苦。他们不想煎熬于这些负面的感受。然而，当你压抑自己的感情的时候，实际上你正

胜过这世界——情绪的争战

在给你的情感施压。压下负面的情绪，同时又让正面的情绪活跃起来，这是不可能的。还有些人认为，尽管你不是太糟糕，但最好不要开心。但是，你的情绪也能成为大大祝福你生命的泉源。真心享受一件事，那确实是一件美妙的事啊。问题是，你要享受生活，你先得受得起被摧毁。

所以，当耶稣说："但你们放心，我已经胜了世界，"时，我的回应是："你太棒了，但我不行啊！"我的问题是这个世界一直都在搅扰我的情感。耶稣是胜过了世界，可这跟我有什么关系呢？我怎样胜过这世界呢？

我相信，在我们开始了解并领受天父的爱之前，这个问题我们是找不到一个合适且完美的答案的。这是基督信仰发展的一部分，那就是我们正在开始了解并进入我们从前未曾了解和进入的一些东西。在宗教改革之前，人们无法摆脱罪咎，无法享受自由，直到他们领受了罪已经得着赦免的启示为止。那时的人们生活在不知如何摆脱罪恶感的环境中。今天我们明白耶稣在十字架上的死，明白神对我们的赦免，明白我们因信被称为义，明白耶稣的宝血对我们良心的洁净，我们可以完全摆脱罪咎感了。这是一个奇妙的真理啊！你领受了这一真理，你才能进入那已经确保给你的丰盛中。

你的魂的救恩

古道再探

天父的爱正带领我们进入一个基督信仰的经历中,这经历以前还未曾见过。当耶稣死在十字架上的时候,实在发生了太多的事情了。让我列出一些已经发生的事情。

当耶稣死在十字架上的时候,其中一件事发生了,那就是祂胜过了罪的权势。祂死了,流了血,我们就可以得到那血。祂自己战胜了罪,祂这样做使我们所有人都能战胜罪。祂把我们带进一个自由的世界,让我们体验到罪的赦免。

当祂死在十字架上的时候,耶稣胜过了撒但的权势。在耶稣死之前,撒但是有权有势的,但在耶稣死后,撒但完全失去了它的权势。

藉着从死里复活,耶稣胜过了死亡的权势。死亡再也不能控制我们了,而在耶稣死与复活之前它却能。

耶稣胜过许许多多的东西,我们了解了其中的一部分,但其中有一件事我好些年来都搞不明白,那就是祂怎样胜过这世界。当祂死在十字架上的时候,祂胜过了这世界,并打破了世界对祂的统治,祂也为我们打开了那扇门,使我们去打破这世界对我们的统治。祂说"我已经胜了世界"这究竟意味着什么呢?

为了更好地表达我所要说的,让我们换一个角度观察吧。圣经讲到我们得救的三个方面。圣经说:你已经得救了，你正在得救中，你将要得救（弗 2:5-8，提后 1:9，多 3:5，林前 1:18，林前 15:12，林后 2:15；罗 8:23，帖前 5:23）。这指出一个人得救的三个不同的方面。首先，当耶稣进入你的生命的时候，你的灵跟耶稣相连了，你得救了。这指的是永恒中的一切已经为你搞定了。你的救恩和你的永恒的命定已被确保了，并且是不能拿走的了。你已经得救了，你的灵已经得救了。

其二，你的魂处在正在得救的过程中。腓立比书2:12说："……要战战兢兢地活出得救后应有的生命。"（当代译本）这里讲的就是我们魂正在得救的过程。一会儿我们会更多谈论这一点。

其三，就是在我们的身体方面，我们还没有开始得救。但总有一天我们的身体要得救。我们中的一些人脸上开始爬上皱纹了，当我们的身体得救的时候，就再也不会有这事了。地心吸引力似乎正在赢得这场争战，我们的胸都快掉进肚子里去了，大腹便便啊！你的身体渐老，最终死去。然而，有那么一天，当这一天来的时候，你会得到一个全新的身体。我一直期待不用健身我就能超级健美，一直期待能吃我所爱吃的，同时又能很健康！很清楚，我们的身体还需要得救。

在这里我所想要谈的，乃是我们生命里正在翻转的那个方面——我们的魂。神正在拯救我们的魂，祂正在将我们魂的生命带入救赎中。你的魂由你的思想、你的愿望、和你的情感构成。当我们这样定义魂的时候，你就能看到神是怎样在这三个不同的领域做工在你的生命里。我相信，直到今天，我们已经看到神首要地做工在其中的两个领域，就是我们的思想和我们的愿望。

当你成为一个基督徒的时候，你会立刻意识到一件事，那就是神要改变你的思维方式。祂一直都在更新你的思想，使你拥有基督的思想。换句话说，祂要改变你，直到你开始像神一样思考。圣灵的工作是教导我们神是怎样思考的，神是怎样启示祂的思想，使得我们可以开始明白与神同心同行的真正意思。有一节经文对我真实而意味深远，那就是罗马书3:4，"……神是真实的，人都是虚谎的。"这节非常有份量的经文告诉我们，在我们的生命中，神的优先关注，就是我们可以拥抱祂的真理。祂要我们从祂的视角来察看，任何我们紧抓不放却又阻扰我们的祂都要我们放下。换句话说，任何一个不是从神的方式思考出来的东西，都是虚谎的。

我记得有一次我正在跟主耶稣谈论关于讲方言的事情。我已经受了圣灵的洗了，有时候我也讲方言，可是几年后我发现讲方言很无聊乏味。有一天我读到哥林多前书14:4，保罗说："说方言的，是造就自己。"意思是建造你自己的信心。当我读到这节经文的时候，我对主说："主啊，对我来说不是这样的啊，我讲方言就是觉得它很无聊！"我刚刚这么说，这节经文便再一次重重地印在

胜过这世界——情绪的争战

我的思想里,"那说方言的,是造就自己,"我还是重复说:"但对我不是这样的啊!"再次地,主也重复告诉我这节经文,而我还是以同样的方式回应主。紧接着,像钟声那样清晰,主对我说:"我们中间有一个人正在撒谎。"

哇,祂是不是令人震撼啊?祂居然这样恩待我们。祂已经用你难以想象的最恩慈的方式跟我说话了。于是我说:"主啊,对不起。你的话语是真实的。尽管我还感受不到它,但它还是真实的。"后来我就开始讲方言,相信我的信心会被建造起来。于是我经历到内心的鼓励。如果你一直跟神所说的话闹别扭,那你就不会经历到神所为你存留的好处。你的思考需要翻转,更新你的思想。当蒂妮诗和我见到杰克·温特的时候,我们生命最大的改变之一是,相信钱会超自然地赐给我们,而非透过资本运作的各种方式。换句话说,要得到财务上的供应,你不需要拥有那些营利体系。杰克开始告诉我们关于在财务上的信心,告诉我们关于相信神超自然的供应。我看见过风吹来的钞票刚刚好落在路边我伸出的手中!相信不相信,树上长出钱来!我们的想法需要重新调整,使我们像神一样思考。我们有一个极为富有的天父。如果你一直相信钱是跟资本运作相关的,那你就会被锁死在那资本运作系统里。你的信心就会落在那系统里,而不是在神那里。

古道再探

　　神首先透过你的读经来重新调整你的思维方式。如果你坚持读经，你的思想就会被圣灵翻转。神还透过另一个途径来改变你的思想，就是藉着一个真实的环境，使经文活生生地展现出来。如果你去一个教会，那里将人的哲学思想跟神的道混杂在一起，你会发现你的思想不会被翻转，你的思想不会改变成基督的思想。在你的思想领域始终有一场争战进行着。

　　同样地，在你的愿望领域也有一场争战进行着。当我们来跟随耶稣的时候，我们的愿望并不会服从祂。在任何一件事上，我们都放不下自己的愿望。我们的愿望会像脱了僵的野马那样狂野，也会摇摆不定。在一些方面我们会自律，但在另一些方面我们却不会自律。我们会一时热心地将自己献给神，但接下来我们仍旧坚持照着自己的行事。我们会因着逞能而将自己献给神，而非因着真实的信心，以致我们的生命活在一个虚假的虔诚里。

　　神要带领我们进入到一个境地，在那里，不管谁来反对我们，我们都会降服自己的愿望在祂的愿望之下。在出埃及记里有这么一节经文说到："不可随众行恶。"换句话说，如果有千万人去做一件你清楚是错的事，你要有足够的自制力去抵抗它。神一直都在我们的愿望里做工，使得我们的愿望向祂的愿望对齐。这是穷尽一生持续不断的过程，当我们面对不同的选择的时候。这些选择对你来说都是个人性的，但这些选择又是至关重要的，它们

胜过这世界——情绪的争战

决定了这场愿望领域的争战的最终结果。会有挣扎的，直到你来到一个境地，你会抵达那个境地，在那里你会真心爱神所爱做的，在那里再也没有愿望上的争战了。

在你的愿望里只有一个争战，那就是当神要你去做一件事，而你却真心不想去做的时候，这就是争战所在了。当我刚刚信主的时候，我的愿望中最主要的争战就是我想要成为一个专业猎手。我知道主一直跟我说要将这个愿望完成放下。有一段时间我就搁置这件事，但逃得了初一，却逃不过十五，事情总得面对，有一天这事到了非面对不可了。有个晚上，我们迎来一些访客，我的心被挑战到一个地步，我的行为几乎无法正常了。我给自己找了个理由，跑回自己的卧室，跪在床边，不断流泪。我被迫面对一个事实，那就是神要我去做的，而我不想去做。祂要我去做的，就是烧掉我的日记和相册，扔掉我的来复枪，毁掉我多年打猎积累的战利品鹿角。

我陷入挣扎，我想要去做神要我去做的事，但也想抓住我所拥有的那些东西。而那些东西正在网住我的整个身份。一些人只是打猎玩玩，而我却是一个猎手啊。这两者之间有着天壤之别。忽然间，主耶稣进到房里来，在祂面前我被喜乐充满了。我化涕为笑，主的喜乐充满了我。当这喜乐到了一个巅峰时，主对我说："趁着你有力量的时候去做吧！"立马我毫不犹豫地从柜子里将我的日记和相册全都拿出来，其中记录了我所有在山里的经验和生活。这些本子和册子就是我的一生啊。我将这些东西拿到客厅里，将它们撕得粉碎，我跪下，将它们投入火中。看着它们被烧尽我心里再次充满了喜乐。我不曾意识到这些东西是何等严重地捆绑着我。我被捆绑在一个猎手的身份里，神将我解脱出来，带我进入一个属神的男人的身份里。主只会挑战你扔掉那拦阻你的东西。祂不会拿走任何祝福你的东西。祂要拿走那些拦阻你得着更多祝福的东西。这就是一个列子，我将我的愿望降服在神对我的生命的愿望之下。如果你在那些做选择的时刻回应神，你就会胜过你在愿望上的争战。

你的情绪上的争战

我们思想领域的争战和我们愿望领域的争战对我们来说是非常熟悉的事情。我们魂的另一个组成部分是我们的情感（情绪），同样，在这个领域也有一场争战。可是，我相信我还没有找到什么灵丹妙药来战胜这场争战，除非我们来认识天父的爱，并经历天父的爱。绝大多数基督徒相信你必须更新你的思想，放下你的愿望，并在情绪领域操练自己。换句话说，只要你足够坚定地相信真理，你的情感就能成为应当成为的样式。也就是说，只要你在思想层面上有足够坚定的相信，那你的心就会平安，你的心就会有忍耐、仁慈、忍怒、和安息。我们经常这样说：“我需要更多的忍耐，"但是，让我告诉你吧——你得不到它！没有什么地方供应忍耐。忍耐是其它事物的附带结果。喜乐、仁慈、和温柔也是这样的，它们都是结果，是果子。它们是从其它某件事物而来的。圣灵的果子是情感的驱动和表达，是更好的治理情感的产物。

我们的情感始终处在争战中。关于我们的情感的事实乃是这样的，我们的灵命被我们的情感（情绪）所左右。你不想从情绪的过山车上下来吗？你不想待在一个不受情绪支配的地方吗？

我很理解这场争战。这对我个人来说是非常真实的。我发现努力抑制和控制情绪只能一时奏效，但总有一天，这些东西都会撞墙。你会看到一种情况出现，并压倒你，你的情绪会溃坝。你会发现你无法控制自己的情绪。但我可以告诉你们，耶和华有预备。

有这么一节经文，耶稣说："但你们可以放心，我已经胜了世界。"这句话是什么意思呢？耶稣是怎样胜过世界的呢？这里谈的是祂的情绪争战。撒但想要控制耶稣，但耶稣抵挡了撒但。罪无法控制祂，但祂也阻止了世界对祂产生的任何影响，祂胜过了世界。

当我们看耶稣的生命的时候，这就是祂的真实的样式。在祂被钉十字架之前的几天，撒但向祂投掷了世上所有可能投掷给一个人的东西。耶稣在服事人的这些年里，起初祂曾战胜那试探者，但后来祂说："这世界的王将到，他在我里面是毫无所有。"（约翰福音14:30）耶稣知道，世界体系背后的掌权者正在试图影响祂。耶稣知道撒但会释放他在全世界所能聚集的一切来转移祂去成就天父的旨意。在以弗所书2章，撒但被称为"……空中掌权者的首领，就是现今在悖逆之子心中运行的邪灵。"另一经文（启12:9）称撒但为"迷惑普天下的"。他是这世界的灵，影响这世界的运作方式。撒但正在设计建造着这世界，使它沿着他的道路走下去。

当我们生活在这个世界上时，我们对它毫无抵抗力。在你重生之前，你无法脱离这世界对你的摆布。事实上，你甚至可能不相信撒但的存在，直到你重生，然后你意识到你已经从他的魔爪中被拯救出来了，你开始脱离他的摆布。

耶稣知道撒但发动最后一次攻击的时间已经迫在眉睫。这次攻击始于客西马尼园。在那园子里，耶稣对祂父亲喊道："……倘若可行，求你叫这杯离开我。"换言之，"如果有什么方法使我不必经历即将来临的事，就让它离开我吧。"然后，祂向天父的旨意完全降服。祂要求免去的那"杯"不是钉十字架的杯。祂所说的"杯"乃是背负罪孽的杯。作为神的羔羊，人类过去、现在和未来的所有罪都加在祂身上了。

我无法想象那会是怎样的，就是让耶稣承受人类所有的、过去、现在、将来的罪。这累积的罪恶感和罪的绝望

胜过这世界——情绪的争战

全都落在了耶稣身上，在客西马尼的花园里，情何以堪。这事给祂带来震惊，使祂极其伤痛，汗珠如大血点滴在地上。人类的罪给这一个体带来了可怕的负担。当我得救时，罪的重担卸下了，我感到如释重负。那时我不知道它去了哪里。它落到了耶稣身上！这是一件难以想象的事情。圣经说耶稣成了罪。换言之，祂经历了全世界所有罪恶的后果。那圣者成了罪。恐怖的事情在客西马尼发生了。祂立刻失去了天父同在的感受。祂被带走，被鞭打。你可能看过《耶稣受难记》这部电影，但那还不能道出其中的一半。祂被棍子打得面目全非，然后罗马人再鞭打祂。罗马人的鞭打比其它任何鞭打都严重得多。他们所用的鞭子上面有钩子、刀片和骨头嵌着。将人打到肉和骨都分开了，被打的人不死，也肯定终身残疾。

耶稣最大的痛苦之一，就是听见以色列的领袖们再三喊着说："把他钉十字架！钉死他！"他们是以色列的首领啊，祂爱他们如新妇。事实上，撒但尽其所能地要激怒耶稣，让神的儿子偏离祂所持守的。但是，挂在十字架上的耶稣祂更关心别人而非自己。祂关心祂的母亲和约翰，祂关心身边的那个强盗。祂为那些钉祂的人祷告。在这一切之中，祂仍然继续遵行祂父亲的完美旨意，从未因情绪而"偏离它"。希伯来书12:2告诉我们，"……他因那摆在前面的喜乐，就轻看羞辱，忍受了十字架的苦难。"祂的回应是完美的。祂从不生气，从不自怜，从不放弃祂的目标。祂继续在人类所经历过的最极端的情感折磨下完美地做每一件事。祂战胜了这个世界用来摧毁祂的一切的作为，因着祂在情绪上不被影响，因着祂没有落入到属肉体的反应。

耶稣如何胜了这世界

我想到的问题是——祂是怎么做到的？祂是如何保持平静的？我相信耶稣之所以能走过这一切，是因为祂与天父有一段历史。在祂天父爱祂的经历中，祂是绝对稳定和安全的。祂坚信自己被宇宙中所有的爱爱着。这爱使得祂能坚定地去承受祂所忍受的一切。

圣经新约是神的爱浇灌在我们心里。当祂的爱持续不断地浇灌进你的心里，并在你的心里不断累积的时候，祂对你的爱将变得比这个世界投掷给你的各种问题更真实。天父对你真实的爱最终会使你在情绪上的那种翻江倒海变得黯然失色。祂对你的爱将成为至高无上的现实。你会被祂的爱所影响，即使是面对这个世界上各种问题所带来的生活困恼。这影响会使你自动产生快乐。

我记得有位女士参加了我们的一个聚会。她在来聚会的路上撞车了，她很担心她丈夫听到这消息会不高兴。在聚会中天父的爱打动了她，当她开始笑的时候，她的焦虑被除去了。天父的爱对她越来越真切，使她充满了喜乐。当天父的爱浇灌在你的心里，你的情绪也将会自动地发生变化！

胜过这世界——情绪的争战

祂浇灌在你心中的爱会让你喜乐，即使你周围似乎在发生各种糟糕的事。你永远摆脱不了世界的苦难。糟糕的事会在你的一生中不断发生，但祂的爱会抵消它们的影响。我们大多数人试图通过解决我们的外部问题来解决我们内部问题。我们认为，如果我们能够摆平外面的一切，我们的内心就会平静下来。如果我能让身边的一切都快乐，那么我就能快乐。如果我能把外面的一切都弄得很好，那么我里面就会感觉很好。如果每件事都被安排得好好的，我就能减少挫折感，那我就不会在内心感到沮丧。如果我能阻止别人成为如此令人沮丧的人，那我就能摆脱沮丧。我们努力处理生活的外在因素，以便我们能平静下来。然而，这就是争吵和打架的真正原因。人与人之间的那些不和谐和敌对状态，归根结底是——如果我能让你做对的事，我就会很开心。

关键是对方总是做错事。你周围的人永远不会照你想要的方式去做。他们总是会做那些让你失望的事。在这世上你们有苦难，这将不会有什么改变的。而这应当是你能听到的最好的消息！为什么呢？因为那样你就可以开始对付它。如果你相信它会改变，那么你会等待那么一天，那一天一切都会好起来。你会等待那么一天，那一天你的丈夫或妻子都会改变，或者那一天你的孩子最终懂事了。你会等待那么一天，那一天你会有一个新老板或一份新工作，或者那一天当你终于得到你梦寐以求的车子。你将永远等待着那么一天的到来，那一天一切都是完美的。

你能抓到那意思吗？你理解吗？不管事情会有怎样的好转，总会有其它更不好的事情跑出来？在这世上你会有苦难，苦难会一直持续下去，你的余生也会一样。但是，如果火焰在你里面燃烧，你就不会感到外面的寒冷。如果你内心有平安，外面的混乱就不会影响你了。如果你有内在的喜乐，你的环境可能会改变，但没有什么能改变你心中的喜乐。如果你内心充满了祂的爱的实质，那生活中的种种问题都不会动摇你。

胜过这世界不同于修复这世界。很多人想修复这个世界。他们想修补政治制度，他们想让合适的政党执政，或者让合适的总统掌权。许多基督教徒正试图修复这个世界。我们认为，如果我们最终能够修复我们周围的世界，那我们都可以和平相处。事实却是——这永远不会发生。

胜过世界的胜利

不管外面有什么样的暴风雨，你都能活在平安里。神已经开了一条路，那是怎样的一条路呢？就是天父的爱浇灌到你的心里。当祂的爱浇灌在你的心中时，你会毫无疑问地知道你是被全能的神所爱的，祂是你的天父。我喜欢常常提醒自己，我的父亲恰好就是全能的神！

当你完完全全相信全能的神像一个父亲一样爱你的

时候，那么，无论发生什么事，都不会让你一惊一乍的。那这个世界上的问题呢，也没什么大不了的吧！祂在你心中的爱会带你到一个平安的境地，在那里，即便外面战火纷飞，你的内心仍是平静的。我越发地意识到，那境地实在是我们应当进入的。我现在的处境和以前的大不一样了。这一变化对我来说最有意义的迹象乃是我的家人，他们也已经注意到我的变化了。我的改变让他们很震惊，我和以前的我几乎判若两人。

这里的关键是变得更像耶稣。耶稣所生活的那个环境要比今天的环境来得更加邪恶。祂生活在一个被奴役的国家，且是一个最贫困的地区。但祂是在祂的天父的爱中长大，是在内心的平静、快乐、爱和满足中长大。祂超越世界的纷乱，所以祂也能将我们从那纷乱中拯救出来！

当我明白神像父亲一样爱我的时候，我的情感世界并没有改变。当祂医治了我许多创伤的时候，我的情感世界也还是没有改变。而只有当我学会了以一种更持续性的方式去体验祂对我的爱时，我的情感世界才开始发生改变，我才真正能够战胜各种的情绪。日复一日地体验祂的爱，经历祂的爱。各种各样的事情仍会层出不穷地冒出来，困扰我的情绪。让我给你讲一个我经历过的故事。

几年前我在乌克兰。我从基辅坐了大约十二个小时的

古道再探

火车来到一个非常偏僻的乡村。那地方实在太远了。周末的时候我要在那里服事那地方的人。我本应该在星期一早上回基辅赶飞机，所以我需要在星期天晚上赶上火车。可当我到达那里时，那里的牧师告诉我他没能为我弄到回程票。我问他该怎么办，他回答说所有的票都卖完了。我决定相信神自己会把我带回基辅。

我们在这个偏僻的地方服事了两天。到那里半小时后，我就在一个池塘里给二十个人施洗。然后那个牧师就把我和其他一些人留在那里，完后他便消失了。我跟这些一句英语都不会说的人待在一起差不多五个小时。我搞不清楚究竟发生了什么事，也不知道我是否还会相信这个将我随便撂在那里的人。最后那个牧师来了，带我去住的地方，我好在那里过夜。第二天早上，我在教会里讲道，然后我们得赶往另一个教会，因为计划好了我要在那里讲道。我们在一些崎岖不平的路上高速行驶。到了下一个教会，正当我要上台讲道的时候，我打开我的包，惊恐地发现一瓶水漏到了我的笔记本电脑上。我打开了电脑，所看到的只是屏幕上的一条信息，"找不到操作系统"。我立刻关上电脑，我觉得电脑上的一切资料都丢失了，我所有的工作，所有的电子邮件联系人，所有的东西都丢失了。然后我不得不站上台宣讲天父的爱。

我居然也讲完了道。会众里边有八百多人他们希望我们在会后为他们祷告。我们尽可能地为每一个人祷告，直

胜过这世界——情绪的争战

到我们不能再逗留了。我们赶往火车站,那位牧师沿着站台跑,想找人买票,他居然买到了。我上了开往基辅的通宵火车,车厢里挤满了人,臭烘烘的,我在一个狭窄的铺位上挣扎着睡了一整夜。我们终于到了基辅的火车站,还有九十分钟的时间可以到达机场。我要飞往法兰克福,然后飞往慕尼黑。当我们到达机场的时候,那司机问我:"你有出境表格吗?"我回答说:"什么出境表格?"我不记得自己收到过什么出境表格,事实上,我入境时他们甚至没有在我的护照上盖过章。

情形越发糟糕了,我需要一份出境表格。经过各种混乱和交涉后,他们没有给我出境卡就让我通过了。到达拥挤的候机室后,上飞机的人群都动不了。我们等了好几个小时,然后他们宣布航班取消了。更糟糕的是,他们宣布所有的机票都必须重新发放。重新发放机票的办公桌在一条很窄的走廊上。我们航班上的所有人都开始在这个狭小的空间里拿着行李排队。又是一片混乱。真是气不打一处来。当我最终到达柜台的时候,我收到了一张票,然后去排队去等车,因为航班被取消了,那车将我们带到了航空公司提供的酒店。不知怎的,我对刚刚拿到的这张票总感到不安。于是我找到其中一个工作人员,让她看一下票。她所能做的就是摇摇头。我的票弄错了!

我不得不相信她能给我弄到正确的机票,所以我深吸了一口气,把护照交给了她。我还能再看到我的护照吗?

古道再探

我还能离开这个国家吗？谢天谢地，她帮我弄到了一张对的票，明天早上我就可以飞到了法兰克福，然后飞往慕尼黑。当我到达那里的时候，我站在行李大转盘旁等我的行李。我白等了。我的行李不见了！记得我的笔记本电脑坏了，我没有任何人的联系方式，没有人知道我迟到了一天。机场外边也没有人来接我。于是我决定到慕尼黑的一家旅馆去睡一会儿。但我整夜都睡不着，因为经常有人在我房间外面的走廊上走来走去。第二天早上我起床的时候，他们找到了我的行李，等着我去取。拿到行李后，我决定去火车站坐火车回我昨晚住的地方。当我下了火车，走到街上时，我才发现昨晚我住的那个旅馆正好在红灯区的最中心地带。我得赶快离开那里！

我赶上了开往我最终目的地的火车，但由于轨道上的工作正在进行，火车改道了。当我最终到达主人家时，家里没有人，但邻居们有一把钥匙让我进去。我进了屋子，关上门。把笔记本电脑放在通风橱里，它就干了。折磨终于结束了。

在这世上，任何可能出错的事情都会出错。这是一场情绪之战。这世界会尽其所能地拿起每一样东西向你砸去。这场争战的胜利在于你始终向天父的爱敞开你的心扉。随着祂的爱越来越深入你的内心，你会越来越确信祂对你的爱。当你体验到这爱时，它会在你心里累积，并会改变你的情绪。当一切都不对劲时，你发现你里面开始有平安。祂对你的爱变得比其它事情更真实，更重要。即使你自己的难处更大，你也会去关心别人的难处。当你充满了祂的爱的时候，你就不会再担心自己的难处了。

　　祂浇灌在你心里的爱是你情绪稳定的唯一保障。情绪的稳定并不是通过试图说服自己相信一些圣经的真理来达到的。事实是——祂此时此刻正爱着你。那最刺激的就是去学习如何越来越多地体验那份爱。这就是胜利，打败这个世界的胜利。

7

住在祂的爱里

~

正如我在前言中说的，我写这本书的目的只有一个。就是为那些将来要传福音的人。我真的相信，神所要传的福音，是一个好消息，这个好消息告诉我们，我们可以认识和经历天父的爱。这就是生命树，这就是那好消息。

然而，我对教会历史的观察是，教会对爱知之甚少。在我作基督徒的四十多年里，我观察到我们在基督的身体里彼此相爱爱得何等痛苦挣扎。教会内的领袖之间有竞争，显露出来的都是彼此之间的不和。许多信徒都有嫉妒心。在基督的身体里，分裂和派系已经盛行。嘴上可以说很多爱，但到了现实生活的时候却找不到爱了。这和新约所说的充满活力的现实之间似乎有一个巨大的鸿沟。

新约中的许多陈述是令人费解的。就连彼得也承认，他觉得保罗的一些说法是很难理解的。约翰所讲的一些东西，也是很难接受的，除非你明白他在说什么。我想

住在祂的爱里

详细看看约翰的书信，特别是约翰一书四章。这段经文中有几句话一直困扰着我，如第八节，其中说，"没有爱心的，就不认识神。"我们混淆了圣经中的爱的概念和我们人类自己的爱的能力。当然，当圣经在这里谈论爱的时候，他们谈论的是神的爱。而这爱是一种非常特别的爱。

许多人都熟悉希腊文对爱的几种定义——菲利奥，厄洛斯，斯托奇，和阿加佩。这些词被用来描述爱的不同的表达方式。我们试图通过定义一个特定文本中的用词来理解圣经。我们可以查看原文，并找出用的是什么词。我们手上拥有诸如希腊英语词典或维恩注释词典之类的资源。这些资源让我们了解这个词的实际含义，它们非常有用。然而，在现实中，除了我们领受启示，我们将永远不会明白圣经的意思。除非爱的本质真的触动我们，除非神的某些东西真的让我们睁开眼睛，否则我们不会真正进入圣经想要教导我们的内容里去。学习和钻研可以帮助我们理解许多事情，但即使是这样，所理解的也远远达不到当圣灵打开我们灵性的眼睛时所了解的。

我记得几年前和一个男士讨论过，我问他："你相信只要好好钻研人们就能完全理解圣经吗？"他的回答是明确的"是的！"我回答说："这就是你我之间的区别，因为我相信圣经只有通过启示才能被理解！"圣经是由一个经历个人复兴的人写的，所写下的是关于复兴的事，也只有在复兴的状态中才能正确理解它。只有神在我们生命中彰显祂同在的背景下，我们才能正确地理解它。当我用"复兴"这个词时，我指的不是那种圣灵浇灌下来的复兴现象。相反，我说的是一种心灵的复苏，在这种复苏中，一个人的心在圣灵的感动下打开了。住在你们里面的神的灵会教导你所写的经文的意思。约翰一书2:27提到"恩膏常存在你们心里"——这膏油就是在我们里面的神的灵，只有神的灵才能真正向我们解释神的道。我们自己的钻研是永远无法达到的。

当我们看约翰的第一封书信的第四章时，我们马上会遇到一个问题，它影响了我们对这一章的理解。这问题是：约翰没有按逻辑顺序来写。事实上，圣经整体上并不是按逻辑顺序写的。主题和金句都隐藏在正文中。它们不是用粗体字和下划线写的，这样读者就可以很容易地理解它们。但圣灵会对我们的灵强调那些重要的句子。圣经并没有诸如副标题，以及副标题下的第一要点，第二要点之类的东西。如果圣经是那样写的话，那就更容易理解其中所写的了。那种以随便和随意的心态寻求神的人是进不到圣经里去的。圣经是被圣灵开启，向着人心发出的。

我想强调使徒约翰的几句话，我相信这几句话是这封书信的主题。第一个主要的陈述出现在第19节，整章的内容都取决于这节经文的内容。第19节说："我们爱，因为神先爱我们。"这节经文明确地宣布，如果我们不明白一个事实，就是神先爱我们的那种感受，那我们在爱人的这件事上是远远做不到的。这就是关键所在。

神，爱的泉源

神是最初的爱人。在你爱祂之前祂已经爱着你了。知道上帝爱别人的所有能量、物质和现实，都源于我们经历上帝爱我们。我们爱是因为祂先爱我们。祂对我们的爱不是一次性的历史事件。祂一直爱着我们。我们倾向于把诸如"神爱世人，甚至将……"这样的说法局限于过去，局限在耶稣那个年代。我们将神差祂的儿子为我们死这件事当作一个纯粹的历史事实。然而，问题是：今天神还爱世人吗？当耶稣降生在伯利恒的马槽里时，我们毫无疑问地接受公元后的第一世纪的时候，神确实爱世人，但神今天还爱世人吗？例如，祂今天爱穆斯林吗？二十个世纪后祂还爱罪人和妓女吗？有时候一想到这些我心里就不安。对于神从前爱世人这个事实我们没问题。这是一个相对容易理解的概念，因为那残酷而混乱的事实已经从我们身上除去了。但祂现在是否还这样爱着世人呢？在我们的日常生活中，在我们所经历的事情中，我们实在纠结于去爱那些做了我们不喜爱的事情的人。但现在，神真的还爱着这世上的人吗？就是我们现今生活在其中的每个人吗？

当我们了解到耶稣所处的那个时代的状况的时候，你会感到非常有趣。当耶稣行走在这世上的时候，究竟这全世界犯下了什么样的暴行呢？确实是有一些暴行的，诸如当时的奴隶制度。奴隶制始终是这世上最大的罪恶之一，但在当时它尤其罪恶昭彰，它成为当时社会结构中的一个基本且流行的成分。再比如，当耶稣行走在这世上的时候，中国发生了什么？当时文学家们所不知道的那些遥远的王国究竟发生了什么？耶稣所处的时代并非是一个好时代，并不是神乐于去爱的一个时代。跟今天这二十一世纪比起来，神对那个时代的世人真的是爱不起来。然而，祂始终爱着世人！我们往往不会联想到这一事实。于是我们常常感到很难接受神今天仍然爱着世上的每一个人。

约翰说我们爱祂是因为祂先爱了我们。这句话是整章的轴心。在我看来，这是圣灵所强调的真正的主题。这是圣灵用粗体字写下的。它定义了所有其它关于爱的陈述。

爱是基督信仰的真正的标志

如果我们从第19节倒回头读，你会看到第7节，这就是我想要强调的一节。我以前觉得这节经文很难。这封信是使徒约翰写给一个已经深受错误影响的基督徒群体的。那个时代的主要异端之一是诺斯底主义，它正以一种前所未有的方式渗透到早期教会群体中。约翰写这封信是为了抵抗这种影响，他通过描述什么是真正的基督信仰来反驳这种影响。我发现这很有意思。为什么呢？因为这封信的绝大部分是在谈论爱。在这封信中，约翰毫不含糊地宣称，爱是真正基督信仰的标志。第4章第7节说："各位蒙爱的人哪，让我们彼此相爱，因为爱是出于神的。凡是有爱的，都由神所生。"我记得读过这句话，也确实很难理解。

我有一个阿姨，她是一个非常有爱心的人，但据我所知，她不是基督徒。她的许多侄女和侄子都很喜欢呆在她家里，因为她实在太好了，但她从未宣称自己是"重生"的。然而，这段经文却说，所有去爱的人都是由神所生！这样讲合适吗？也许我阿姨是个秘密基督徒？约翰的这句话是什么意思呢？

这里的问题是"爱"这个词是如何定义的。这里所说的爱并不是说一个人仅仅是在人的范围内去爱，或者一个人他天生就是一个有爱的人。约翰说的这句话是指一个已经领受神爱的人。事实是，如果你领受了神的爱，那么你就会去爱。否则你做不到。

"凡是有爱的，都由神所生，并且认识神。"接着又继续说："那没有爱的，就不认识神，因为神就是爱。"这些话对我来说是个大问题。我很想知道还有多少人也在为这些说法而挣扎。不爱的人不认识神！为何这些年来这让我非常震惊呢？因为我相信那不爱的人是还没有重生的。

古道再探

你看，我把"认识神"等同于"重生"了。当你重生的时候，就是你认识主的时候，耶稣生命中的神性对你来说变得真实，对吧？所以在我的想法中，这节经文对重生的真实提出了质疑。我确信我是真的重生了，但有很多人我还爱不起来。在我心里，有些人真的令人很难爱。事实上，当我认识主的时候，我心里不相信任何人，我根本不相信这世上的任何人。我已经拒绝了这个世界。当我还年轻的时候，我只想在山里隐居。原因是我相信人们总是会伤害到我，给我带来痛苦，让我感到被拒绝。我想如果我可以不跟人往来，我就不会痛苦了。后来我成了一个猎鹿人，独自住在山里。我会射杀野鹿，把它们从山上带到镇上，卖掉，天黑前回到山里，重返我的一人世界。从十岁起，我就渴望成为一个隐士，但不久我就发现了问题，那就是我受不了那种孤单。

从那以后起，我一直认为我一定是相当傲慢地拒绝了整个人类，人太虚伪了！我经常对蒂妮诗说，我觉得自己好像坐在人类之外，透过一道窗户观察它。多年来我经常对她说："我真的是一个人吗？"我觉得自己跟其他我所看到的人很不一样。

这样，说到第7节的这句话，"那没有爱的，就不认识神"，当你确信自己是重生的，但你心里却没有对人的爱时，你会怎么做呢？我想我们都能或多或少地认同这一点。这些年来，神在我心里做了许多事，我也收获了一些。这节经文并不是说，如果你不爱，你就还没有重生。它所说的是，如果你不爱，那你就还没有与天父的爱连接。它的真正意思是，如果你不爱，那说明在那一刻，你还没有真心了解祂！

当你与天父的爱亲密相连时，除了爱你什么也不会做。这只是一个简单的因果关系啊。与天父的爱亲密相连，你会自动以这份同样的爱去爱别人。这不是"重生"的问题，而是在你的心中拥有那爱的真实。如果你心里没有爱，那一刻你就不认识祂。那时你并没有与神亲密相连，祂一直用祂的爱爱着你。

让我列出一些问题吧：

此时此刻你和我在天父的爱里吗？

此时此刻你和我正经历着祂对我们的爱吗？

这些问题是要告诉我们：如果你不爱着别人，那你正与天父的爱脱节。就是这么简单。

无论我们如何宣称，嘴皮子怎样说，如果神的爱没有从我们里面出来，那说明神的爱没有进到我们里面。我们爱是因为祂先爱我们。关键是祂爱我们。很多人因为爱别人爱得不够而感到内疚。我们常常觉得自己需要悔改，因为觉得自己在爱上很亏欠。让我这么说吧。我相信在这里悔改并不是重点。我相信真正的问题在于认识到你已经脱离了与天父的亲密关系，因为当你处在与祂亲密的状态的时候，那对他人的爱就会驻留在你的心中。我们常常把悔改与悲伤或悔恨等情绪联系起来，因为我们觉得自己没有达到神对我们的要求。于是我们觉得有必要感到内疚，感到歉意，并请求神的宽恕。这就是我们绝大多数人对悔改的理解。然而悔改实际上意味着"回头"，它没有任何忧愁、悲伤或悔恨的感觉。悔改的希腊语metanoia一词的原意是"转过身来，面向相反的方向"，它只是传达了一个人改变主意的想法。当我们悔改的时候，我们只是转回到神和祂的爱，转回来领受祂的爱。

当许多人请求神宽恕他们的罪时，他们流了很多眼泪。这伴随的悔恨和悲伤是个人的事。有些人对他们罪恶的生活感到极大的悔恨，这是适当的而且是好的，但它本身并不构成悔改。带着情感的悔改比不带情感的悔改并非更有效。许多人想看到悔改的罪人在神面前哭泣，但实际上悔改并不要求哭泣。哭泣倒是释放情绪所必需的，但它并不是悔改的成分。悔改是悔恨和悲伤的产物。有些人可以为自己的罪感到极度的难过，但却不能改变任何事情，所以悲伤本身并不是悔改。悔改需要的就是转身，改变心意，朝相反的方向走。当我们意识到我们缺乏对人的爱时，这不是一件当下感觉不好，然后决心在未来做得更好的事情。你不会在未来做得更好的，你做不到！爱别人是出自祂对我们的激励！当我们里面所存的不是爱时，我们就要认识到那是因为在我们的生活中缺少领受祂的爱。

爱是实质性的东西

我们需要认识到，神的爱的实质是基督信仰的全部。基督信仰不是关于神的爱的信息或神爱我们的真理。基督信仰是关于领受爱本身。仅仅理解神对你的爱的概念是不会改变你的。那改变你的是神浇灌到你心里的实实在在的爱。改变你的并不是你对那可以治愈你、可以使你自由的神学真理的持守。只有天父的爱的实质可以改变你。持续不断地生活在被天父所爱的经历中，这就是儿子之道。我们需要真正关注的乃是这件事啊。我们正在将天父的爱带给世人。我们不是将天父的爱的信息带给世人，我们乃是带着祂的爱。这就是为什么我对"天父的爱的信息"这个词组总感到不舒服的原因。那些一直在使用这个词组的人，他们真的还没有摸到那最关键的东西。我们所拿到的是祂的爱的实质，而不是祂的爱的信息。在这一章里，约翰所谈的就是天父的爱的实质，祂的爱是实实在在的东西。

我开始意识到神的爱的实质实际上与神自己的实质是一样的。那实质就是祂的生命。与其说祂爱你，不如说祂来了你就被爱了，因为祂是爱。爱的具体的样式就是祂的样式。当我们开始意识到爱是一种具体实质性的东西的时候，我们就通向这个不断展开的启示的大门。

古道再探

让我举一个例子来说明我所说的爱是一种实实在在的东西。我小时候住在新西兰的一个小镇上,这是一个农村城镇,人口主要由农民及其家庭组成。这些人都是本地人,非常勤劳,饱经风霜,手上长满了老茧。我十二岁以前从没听过男人唱歌。我来自男人不唱歌的地方!

我记得我大约十四岁的时候参加了一个社区大厅的聚会。我不记得这次聚会的目的是什么,但我确实记得那里大约有三十来个人,当时看起来像一大群人。那时候,我是一个情绪压抑、内心创伤的年轻人。人们都说我喜怒无常,但他们不知道我内心在想什么。我那时完全迷失,一片茫然。我记得有一次有个人对我说:"你不应该这么伤心,这是你一生中最美好的时光啊!"我看着他,心想:"你是说情况会越来越糟吗?"不久之后,我拿起一支来福枪,装上一颗子弹,坐在一棵阴暗的树旁,手里拿着子弹上膛的步枪,想着如果生活变得更糟,那我干嘛还呆在那里等着啊。这就是我当时的生活。

当我在社区大厅里参加这个聚会时,我想起了大厅里发生的一些事情。不管发生了什么事,大厅里的每个人都在大笑。他们都在笑,除了我,后来我发现,还有一个人也没有笑。当我站在墙边,看着所有人都在笑,觉得自己完全无法融入时,突然我看见大厅对面一个男人的目光,他正直视着我。那是罗斯,我最好的双胞胎朋友的父亲。罗斯是新西兰南岛的一个高级牧羊人。在剪羊毛的季节里，他从黎明一直剪到黄昏。在我看来，剪羊毛是最苦的工作了。在炎热的夏日里长时间在没有空气流通的棚子里工作，不停地弯腰，浑身是羊毛脂油。那实在是极其艰巨的工作。罗斯告诉过我，他经常在一天剪羊毛的时候去洗手间，用力把血咳出来。为了养家糊口，他一星期七天从早到晚辛勤劳作。

在社区大厅聚会时，我才14岁，我不知道我朋友的父亲是罗斯，当时我只知道他是史密斯先生。当厅里爆发出笑声时，我看到了他的目光。我仍然可以想象出他那饱经风霜的脸，和他那眯起来挡住新西兰强烈的阳光的眼睛。他隔着大厅看着我，扬起一边眉毛。在那一刻我感受到了他的爱。直到那一刻，我才知道他爱我，但他对我的爱在那厅里传递，我毫无疑问地知道，他爱我。我感受到了他父爱的实质。这是我生命中非常重要的时刻，我从未忘记。罗斯是个沉默寡言的人，但他是个坚强如钢的人。后来我花了很多时间跟他和他的双胞胎儿子一起打猎、钓鱼。他是我年轻时的一个重要人物。那天晚上，当他隔着拥挤的房间看着我，只扬起一边眉毛时，我懂得了一样我从未忘记的东西。我明白了爱是一种实质性的东西。

一个人可以说"我爱你"，但如果没有爱的实质性的表达，那这句话就毫无意义。而另一个人只需扬起眉毛，你就可以充满爱了，因为爱是一种实质性的东西。

当我们读到"我们爱因神先爱我们"这句话时，就好像神自己在那大厅的另一边，吸引着你的目光，向你扬了一下眉毛。你以一种难以言表的方式经历到祂对你的爱。在那一刻，当那发生的时候，你会爱这世上的人。当你被祂爱的时候，你不爱都不行啊。"我们爱因神先爱我们"这句话并不是在谈论救恩。它不是在谈论"重生"的经历。它是在谈论与天父的活生生的千丝万缕的关系。父神是一切爱的源泉。耶稣爱我们——真的！但祂是用祂父亲的爱来爱我们的。保罗在写给罗马人的书信（8:39）中非常清楚地告诉我们，"……没有什么能叫我们与神的爱隔绝，这爱是在我们的主基督耶稣里的。"父神的爱是在耶稣里的。在约翰福音17章的最后一节，耶稣用这些奇妙的话向祂的父亲祈祷：

"……我已将你的名指示他们，还要指示他们，使你所爱我的爱在他们里面，我也在他们里面。"

就是使天父爱那儿子的爱在我们里面。换言之，耶稣祈求我们会像祂那样经历天父的爱，就是像祂做儿子那样经历天父的爱。这实在是一件非常令人惊奇的事，就是耶稣祈祷我们能知道天父爱我们如同爱祂心爱的儿子。

让爱成为你的伟大目标

好消息来了！整个福音都包含在这一点上。耶稣死在十

住在祂的爱里

字架上，扫清了一切拦阻你和我进入天父的爱的东西！我们在概念上比在经验上更清楚这一点。此刻你正在阅读此书，我想非常认真地让你知道——不断地寻求体验那爱！不断地努力去了解祂对你的爱的真实。我喜欢圣经RSV版本（英文标准修订版）对哥林多前书14章1节的翻译。它说，"让爱成为你的伟大目标"。这里不是说你应该把成为一个有爱的人作为你人生的目标。这里的意思是让天父里面的爱成为你生命中最大的目标，因为神就是爱。

我所发现的是——在爱里你不会被冒犯。当你活在神的爱里，你是不可能被冒犯的。最近有人告诉我，在别人对他们的评论中，他们受到了很大的伤害。我对他们的回答是，"你身上有什么东西会受伤呢？"。因为，当你心中有爱时，你不会受到伤害或冒犯。爱压倒一切冒犯。爱说："我不在乎你对我做什么，因为我爱你。"当耶稣被挂在十字架上时，祂爱那些把钉子钉在祂的手和脚上的人，祂希望他们被原谅。祂的愿望是他们应该自由。爱是不受排斥之苦的。你只有在爱之外才会被拒绝，只会在爱的外围受到伤害。神的爱无比强大。事实上，这是唯一真正使你自由的地方。

当你没有活在神的爱中的时候会发生什么呢？你会很脆弱，因为你的情绪可以被玩弄，人们会扰乱你的情绪，他们会操纵你。他们会做一些事情，有意或无意的，致使你的情绪如同乘坐过山车一样上下颠覆。在你所处的每一个境遇里，你都会受到情绪起伏的影响，这取决于你如何看待别人对待你的方式或态度。他们可能会说些什么，或者他们是怎么看你的，这些都会让你在情绪的海洋里波浪翻滚，饱受折腾。但如果你活在爱中，即便有人不喜欢你，你也不会感到被拒绝。在天父爱中，你是处于一个无懈可击的安全境地。当我们被包裹在造物主的爱的真实和完全中的时候，有人拒绝我们，或想要伤害我们，这些怎么可能会干扰我们呢？

当我们真的感到受伤和被拒绝时，我们需要意识到，这是因为我们在那一刻没有跟神的爱真正连接上。这才是真正的问题。不是你不能取悦神的问题，也不是你没能成为一个足够好的基督徒的问题。当你在心里与神的爱连接，与祂爱你的真实连接在一起时，你将成为一个充满爱的人。

几年前，当我和蒂妮诗斯还是年轻的基督徒时，我们（和另一对夫妇）在我们居住的小镇上开始了一个教会。我们结婚后就住在那里。那时我们每周都要行程50公里左右才到教会，所以我们决定在我们住的镇上建立一所教会，这样我们就能把我们所经历的属灵生命带回到镇上。我们租了一个大厅，开始在那里做主日聚会，过了一阵子，我们聚集了大约60人。我们在一条小河里给刚刚信主的人施洗，他们组成了团契的核心，我们也把我们身上的一切都倾注到其中了。

我们这样做了一年左右，城里另一个教会的长老邀请彼得和我去参加他们的一个晚上的聚会。当我们收到他们的邀请时，我们欣喜若狂。我们以为他们是要鼓励我们，并真正促进本地的基督身体内的团结。于是我们天真地去参加那个长老会。当我们到达时，他们用茶和饼干招待我们。我们友好地聊了几句后，走进隔壁的房间，坐下来开会。在接下来的三个小时里，他们向我们发出警告，说我们应该立即停止我们在新教会里的活动。他们告诉我们，我们是悖逆的，我们违背了神对这个城镇的旨意。结果是他们希望我们加入他们的教会，把我们所经历的圣灵的生命带给他们的年轻人。

我们开完了会，对他们所说的话感到非常痛心和挫伤。彼得开车送我回到家，那是在乡下，四周全是田野，附近没有别的房子。当我们到达我们的房子时，彼得转过身来对我说：" 在你进屋之前，让我们花点时间祈祷吧。"我们没有机会说什么，因为当我们转向对方开始祈祷的那一刻，神的爱突然来了，充满了车子。神的爱绝对而彻底地充满了车子，充满了我们。当神的同在充满我们的时候，我们除了互相扶持着一段似乎很长的时间外，别无选择。我们拥抱在一起哭泣。神的同在的那种强烈感受，使我们感到震惊，又感到不知所措。

最后，我下车，彼得开车回家。当我朝房子走去时，我

古道再探

注意到卧室的灯亮着。蒂妮诗在等我。我立刻走进卧室，她坐在床上。她的第一句话是，"会议开得怎么样？"但我只能说，"他们真是太棒了，太棒了！"除了说另一个教会的长老有多好外，我再也说不出别的话了。在我的脑海里，我在想，"我知道这不是今晚会议上发生的一切的全部真相"，但我记不起那天晚上所说的任何一句话。你看，爱是不会被冒犯的。当我们坐在车里时，神的爱充满了我们，我发现我记不起他们对彼得和我所说的任何严厉的言语，甚至不记得他们的罪行。所以神在希伯来书8章12节中这么说，"……我要赦免他们的过犯，忘掉他们的罪恶。"蒂妮诗斯听了我说这些长老是多么的好后，她以为，从今以后，我们要上别的教会了！我们没有。

我发现了一些关于爱的东西。爱将你改变成为神所要你成为的一切，爱会让你成为一个成熟的基督徒，爱会让你在情不自禁的情况下转过你的另一边的脸颊，因为对你来说，别人比保护你自己的脸颊更重要！不是我们咬紧牙关，不情愿地想，我必须转过另一边的脸（让他打）。爱乃是关心别人，而不是试图维护我们自己的自尊。

几年前，当我在圣经学校讲课时，有一个年轻的毛利人住在学校里，他非常生气，我们正试图帮助他。有一天我和他谈神的事，那天晚上，集体用餐结束后，我到餐厅的柜台去喝杯茶。当我站在那里时，他来到柜台，他突然拿起满满的茶壶（那是一个大茶壶），把热茶泼洒到我脸上。茶是快烧开了的，他朝我脸上泼过来。茶水从我的眼皮底下，到我的嘴里，再到我的鼻孔……。直到今天，我都不明白为什么我没有被严重烧伤。我记得刚才看着他，眼前是这样的一个年轻人，他被自己内心的痛苦和愤怒困住了。我没有一点担心自己的伤得怎样。我唯一关心的是这个可怜的家伙，他已经身不由己了，竟然把煮沸的茶水泼洒到我脸上。我担心他所处的可怕境遇。当你与爱连接在一起时，同样的爱会催促你毫无条件地去爱。与神的爱的亲密连接是我们产生对他人的爱的源泉。当你意识到你没有足够的爱时，就来找神吧，让祂的爱充满你。

爱是使你成为基督徒的能量

在约翰一书第四章里，我想要评述的最后一节经文是第20节。在我作为基督徒的人生中，这是另一节困扰我很久的经文。这节经文说：

若有人说"我爱神"，却恨自己的弟兄姊妹，这人就是说谎话，因为人若不爱看得见的弟兄姊妹，又怎能爱看不见的神呢？

这是圣经诸多经文中需要反向阅读的一句经文。因为，你若能领受看不见的神的爱，就必爱你所能看见的弟兄。这句话与"我们爱，因为神先爱我们"这句话联系得如此紧密，你看，如果你说你爱神，但恨你的兄弟，这就意味着，根据约翰的说法，你是个骗子。为什么？因为你需要接受神的爱才能真正爱你的兄弟。这并不意味着你不是基督徒，这并不意味着你没有"重生"。这意味着你没有生活在神的爱中。你没有活在祂爱你和你爱祂的互动中。

事实上，你不会真的爱神，你只能回应祂对你的爱。说爱神，其实说的是一种被神所爱的相互体验，并将这种爱回馈给神。但如果你声称爱神，却恨你的兄弟，那你就是被欺骗了。你爱神，又恨你的兄弟姐妹，这就不是真实了。如果你是活在神爱你和你爱神的互动中，那除了爱你的兄弟姐妹，你将不可能感受到任何别的东西。我的朋友和兄弟斯蒂芬·希尔对这真理作了一个伟大的陈述。他说："如果你对神的爱超过了你对祂爱你的启示和经历，那仅仅是一种宗教情感而已。"这实在是真的。如果我们没有活在神先爱我们的事实里，那我们的爱也只是我们属血气的热情而已。理所应当地，我们只能回应神的爱。我们对神和对其他人的任何的爱都是神对我们的爱的回应和流出。

让我这样说吧：**神的爱激发我们的爱。基督信仰是蒙受爱的激励的信仰。你不需要逼自己做基督徒。如果你降服于真正的基督信仰，基督信仰会让你成为一个基督徒。**

住在祂的爱里

基督信仰是活在神的爱浇灌到你的心的暖流中。当神的爱流进你心的时候，你将成为一个基督徒所能成为的一切。你将成为一个基督徒应该成为的一切。你将成为一个基督徒想要成为的一切。

当神的爱流进你的心里，即使你没有退休计划，你内心也会很平静。如果你没有经历着祂对你的爱，那你会活在恐惧中。如果你是在基督信仰里，那你就会在平安里。如果你正在经历祂对你的爱，那么你势必会拥有快乐。被爱是一件非常快乐的事情，快乐是爱的果实。这就是"圣灵的果子"的意思。如果圣灵是神浇灌在你心里的爱，那圣灵的果子就是爱在你心里所结的果子——爱就产生喜乐，爱就产生和平，爱就产生仁慈、良善、忍耐、自制等等。这里的果子（加拉太书5章所说的）是单数的，它是"果子"，不是"那些果子"。圣灵将神的爱浇灌在我们的心里，这一切一次就成就了。你不会再有什么软弱的了，也不会再有什么需要你去拼命的了，这爱所结的果子是不需要什么先决条件的，爱必定能结出果子。

我一直对这果子中列出的最后一项很挣扎，那就是自制。它似乎是消极的，而其它的都是积极的。我曾经想，人们会在我身上使用。"自我控制"是控制自己的能力，就是控制住你那排山倒海的天然的欲望。人们会对我说："圣灵赐给你自制力，所以控制好你自己吧！"我一直把自我控制理解为持守纪律、不犯罪，理解为是一个命令，控制肉体情欲和各种属血气的欲望的命令。但我现在是这样理解的：它是自我决定。换句话说，当爱进入你的生命，你将摆脱任何的外部控制。你将依靠你内心里的爱来生活。靠着住在我里面的圣灵，我现在被圣灵引导着。即使他们试图钉死我，试图阻止我这样生活，我仍是被住在我里面的圣灵所引导，这才是自制。自制说的不是关于罪的问题。神的灵决定了我要去哪里以及我要做什么。祂决定了我想什么以及说什么。没人控制我。靠着住在我里面的圣灵，我是自我决定的。

我相信这正是它的意思。如果我的生命是由我内心里的爱决定的，那么我的结论是——基督信仰实际上是无政府状态的。我不必遵守我的国家的法律，但前提是我是活在跟天父的爱的互动中，祂爱着我，我回应着祂的爱。如果爱掌管着我，我甚至不必去想我的国家的法律是什么。爱会自动地成全每一条法律。

总而言之，天父的爱是你生命中的决定性的因素。用你与天父的内在联系作为你生命状态的晴雨表。如果我真的对人有消极的感觉，问题不在于我对那个人的感觉。问题是我失去了与天父的连接。当你在自己的生命中发现这些东西的时候，它们是你与天父之间的爱失去连接的症状。回到祂对你的爱。在每件事上都要回到这个点上，因为祂的爱才会给你和平、喜乐、忍耐，或任何你需要的东西。有人说，"我真的需要学习更多的耐心。"好

住在祂的爱里

吧，但你做不到。耐心是一个结果，耐心来自一个更大的事实。当神的爱浇灌在你的心里时，你爱上了某人，你就不介意等待。你将乐意等上十年、二十年，或更长的时间。你会愿意等到生命的尽头。亚伯拉罕得到神给他的应许，但在他自己的一生中并没有实现。神在你生命中所说的某些话，在你自己的一生中是不会应验的。但会在你的孩子们的生命中得到成就。神传给你的某些预言，在你身上是不会应验的，而你若相信到底，就必应验在你的子孙身上，因为预言是世代相传的。神对亚伯拉罕的预言今日仍在应验中，根据希伯来书，他没有看见应验。而爱会给你耐心。爱会给你所有这些东西。

有时人们对我说："我能做什么呢？我在这事工里有什么事要做？"我对这个问题的回答通常是这样的，"享受爱你的天父吧。如果你持续地享受着祂浇灌在你心中的爱，在你的服侍过程中，祂的爱就会不期然地开始从你心中涌出来。"如果你想用这爱做点什么，那你永远也不会得到这爱的足够的满足，因为它对你来说只是有用的东西而已。但是，如果你让祂持续地爱你，你在这爱中成长，那总有一天，人们会开始要求你分享发生在你身上的事情和你生命中发生的事情。你就会开始分享，当神的爱从你心中溢出的时候，人们就得到了祝福。

不要把注意力放在你所能做出来的事上。而要专注于你所能领受进来的事上。如果让爱持续地进来，那只是时间问题，直到它开始溢出。我喜欢杰克·弗罗斯特常说的话，他说，天父的爱的流入只需达到51%，跷跷板就会向相反的方向倾斜。在你可以造就他人之前，你不必被填满到99%。只需达到51%的填充率即可达到临界点。尽情地享受对天父的爱的领受吧，直到那个临界点，跷跷板就会转过来了。天父的爱包含了基督徒的一切。天父的爱是福音的实质。我曾经以为天父的爱只是福音的主要真理之一，但现在我明白了，天父的爱就是福音。

做儿子究竟是什么意思呢？

做儿子就是活在天父所彰显出的爱里。很多人已经把做儿子变成了我们必须做什么事，或者我们必须采取什么态度。然而，做儿子就是活在天父那可体验的爱中，活在与天父的亲密关系中。做儿子就在于领受和经历天父对你的爱。我们已经把基督信仰里的许多事情变成了我们必须做的事情。基督徒经常问的一个主要问题是，"我该怎么做？我该怎么做儿子？我怎么活在这种爱里？"这没道理啊。在一个家庭里，关系才是问题所在。一个人是儿子或女儿都是基于关系来说的。要成为一个儿子，不是因为你对神有正确的态度，而是通过体验祂对你的爱，只有通过体验祂对你的爱。祂那入心的爱会自动带你走向成熟。

爱就是具体的东西。爱是一种物质。它是永恒的物质性的情感能量。它就是神生命的实质。它是一种物质，来自神的心，唯独来自神的心。没有人能给你神的爱。这种爱存在于神的心中。当祂把这爱浇灌到你的心里时，真正的东西就会进入你的心里。当那东西进入你里面时，你会体验到被爱的感觉。这不是你相信祂爱你，而是你被祂爱。

这东西会自动改变你的生命，它会结出圣灵的果子。它会彰显出真正基督徒的品格特点。它将向你周围的人彰显出来。这东西会把你变成一个基督徒所应当活出的样式。约翰福音1章18节中提到耶稣时这么说：

"从来没有人看见神，只有在父怀里的独生子将他表明出来。"

有些人努力"宣告"神，他们在没有经历天父怀里的那种体会的情况下宣扬基督信仰的东西。随着基督身体的成熟，这些事工会变得过时。

耶稣活在天父的怀里，不断亲身体验天父对祂的爱心。祂不是去过那里一两次，也不是时不时地触动祂父亲的心。祂是住在那里——住在天父的怀里。

天父的心的事工的存在的全部意义在于教导人们如何不断地体验天父爱的实质，这爱的实质是从天父的爱的心进入我们的心。你怎样在这一点上成熟起来呢？就是你越来越被天父的爱所充满。这种情况发生得越多，你就越有耐心，你就越仁慈。你会为了别人的缘故而放下自己的生命。那爱必充满你们，使你们满溢，然后，祂所赐给你们的才干，所赐给我们众人的圣灵的恩赐，以及为建造基督身体所赐的圣灵的职事，都必以前所未有的功效涌流出来，真正荣耀我们的父神。

基督信仰的关键是：如果我们想要胜任任何事情，那就是这件事。学会成为一个专家，就是成为领受神浇灌到你心里的爱的专家。我们经常引用这节著名的经文"完全的爱就把惧怕除去"，我们一直认为这节经文意味着，如果我们足够相信神爱我们，我们就会少担心了。不！让我告诉你：当你心里充满了这个爱的东西时，你就没有理由再担心了。你甚至不可能想到惧怕是什么意思。这就是做儿子的真正意思。当我们领受并持续地领受这爱进入我们的心的时候，它会把我们变成与耶稣的完全相似的样式。

我们已经看到了父神的爱的大量涌出和浇灌，但与即将到来的相比，这只不过是一个小插曲。不要满足，直到天父的爱住在你里面，把你变成耶稣的样式。是祂的爱，住在你心里，把你变成一个基督徒。

当我们纵观这整本书时，我们不知道该把这最后一章放在哪里。我们不知道是把它放在第一章，还是放在最后一章。我给你的建议是：既然你已经读完了整本书，回去再读一遍，你就会更明白了。

住在祂的爱里

我相信我们正生活在这样的一个时代，恢复保罗所传的福音的时代。就是保罗在加拉太人相信了另一个福音时，向他们所传福音，而那另一个福音并不是神的福音。我们正生活在神恢复祂的福音的本来面目的时代。我们正在重新发现那条被忽略了几个世纪的古道。当我们学会活在天父不断爱我们的体验中时，我们正在从生命树上得饱足，所有与真正的基督信仰有关的事，在我们的生命体验中都会自动发生。耶稣确保我们有权经历神自己所经历的同样的自由。我希望并祈祷这本书能让你再次踏上那条古道，在跳着舞的圣灵的带领下，在天父的爱中成为耶稣的样式。

邀 请

如果你喜欢这本书，我们就邀请你来参加天父之心事工的"A"学校。这个"A"学校是一周时间的关于天父的爱的启示的服事。

这"A"学校有两个目标：

1、给你一次机会，个人性地去经历体会天父对你的爱；

2、给你一个尽可能的最深刻的基于圣经的教导，使你明白天父在一个基督徒生命中以及日常生活中的地位和作用。

在这个学校的学习过程中，你会全方位地领受关于天父的爱的启示。透过那些服事人员他们的生命的启示性的洞察和扎实的圣经的教导，你的生命将被敞开，向着爱、生命和盼望的翻转生命的信息敞开。

你会得着机会来挪去那些拦阻你领受天父的爱的各种主要的障碍，并找回自己做儿子或女儿的心。耶稣对祂的天父存有一颗儿子的心。祂活在天父的爱的同在中。约翰福音告诉我们，耶稣所说和所做的每一件事，都是祂看到和听到祂的天父所说和所做的。耶稣邀请我们进入这样的一个境界里去，就是做祂这首生的神的儿子的弟弟和妹妹。

当我们敞开我们的心的时候，天父就将祂的爱藉着圣灵浇灌到我们的心里。在一颗被天父的爱所翻转的心里，真实且恒久的改变就会发生。多年的拚搏和表现之后，许多人终于找到了真正的家，找到了真正的休息和归宿。

申请"A"学校的方式是，访问以下网页中的"Schools & Events"就可以申请了：

www.fatherheart.net

关于作者

詹姆士·乔当年轻的时候生活在新西兰偏远的乡村,以专业狩猎者为业,直到他经历了一次与神的爱的奇妙的相遇,他的生命被神彻底翻转了,并且,神带领他走进先知性的服事的道路上。

他有着30多年的服事经历,在过去15年里他多次周游世界,在各大学院校讲课,并在澳洲、新西兰、英国、欧洲、挪威、瑞典、丹麦等斯堪的纳维亚地区,以及俄罗斯、美国、南美、马来西亚、印度尼西亚、韩国、南非等地的特会上讲道。对他来说,感觉最自在的就是新西兰的旷野,爬山,狩猎。他还喜爱滑翔伞运动,他享受业余翱翔在天空中的那种感觉。

詹姆士和蒂妮诗·乔当夫妇,他们是国际天父之心事工的创办者,天父之心事工在世界各国都提供了各种的学校,特会,和研讨会等。

要想了解更多关于詹姆士和蒂妮诗夫妇以及国际天父之心事工的情况,你可以访问这个网页:

www.fatherheart.net

发现福音的真意……

做天父的儿子这一先知性的启示今天正在席卷全球,就像海洋上的波浪一样,这一启示正在恢复着天父的爱在基督徒生命中应有的地位。

天父爱你,不管你是一个男人还是一个女人,祂都呼唤你来做祂的儿女,就是活在一种持续性的对祂的爱的经历中,就是祂自己一直浇灌到你心里的爱,如同耶稣自己所经历的那样。这就是耶稣来到这世上要叫你去领受的!

发现天父对你的爱,就是耶稣所经历的那爱。学会在一切的属灵生命的进程中我们的心所应当关注的那个中心。

从你的生命中挪去各种的障碍,使你能够进入到天父的祝福中。

看到神救赎人类的大计划的整个透视。意识到基督信仰的本质并非拚命做工。

我感到在我的一生中,头一次,我终于明白了福音的真正意思。福音就是关于一个父亲,他失去了他的孩子们,他就想要他的孩子们回来……。我期待未来的那一天,那时我们看到神的儿女们完完全全地活出神儿女的样式，活出神儿女的自由，他们从列邦列国中兴起，彰显着我们天父的性情和作为，他们像耶稣一样行走在这破碎的世界上。

——詹姆士·乔丹

FATHERHEART MEDIA

Additional copies of this book and other resources from Fatherheart Media are available at:

www.fatherheart.net/store - New Zealand
www.amazon.com - Paperback & Kindle versions

FATHERHEART MEDIA
PO BOX 1039
Taupo, New Zealand 3330
Visit us at www.fatherheart.net

www.ingramcontent.com/pod-product-compliance
Lightning Source LLC
Chambersburg PA
CBHW070547010526
44118CB00012B/1251